Entschulung

Michael Hecht · Annelie Wachendorff

Entschulung
Eine Einführung

Michael Hecht
Kulturwerkschule
Dresden, Deutschland

Annelie Wachendorff
Bielefeld, Deutschland

ISBN 978-3-658-24190-2   ISBN 978-3-658-24191-9 (eBook)
https://doi.org/10.1007/978-3-658-24191-9

Die Deutsche Nationalbibliothek verzeichnet diese Publikation in der Deutschen Nationalbibliografie; detaillierte bibliografische Daten sind im Internet über https://portal.dnb.de abrufbar.

© Springer Fachmedien Wiesbaden GmbH, ein Teil von Springer Nature 2025

Das Werk einschließlich aller seiner Teile ist urheberrechtlich geschützt. Jede Verwertung, die nicht ausdrücklich vom Urheberrechtsgesetz zugelassen ist, bedarf der vorherigen Zustimmung des Verlags. Das gilt insbesondere für Vervielfältigungen, Bearbeitungen, Übersetzungen, Mikroverfilmungen und die Einspeicherung und Verarbeitung in elektronischen Systemen.
Die Wiedergabe von allgemein beschreibenden Bezeichnungen, Marken, Unternehmensnamen etc. in diesem Werk bedeutet nicht, dass diese frei durch jede Person benutzt werden dürfen. Die Berechtigung zur Benutzung unterliegt, auch ohne gesonderten Hinweis hierzu, den Regeln des Markenrechts. Die Rechte des/der jeweiligen Zeicheninhaber*in sind zu beachten.
Der Verlag, die Autor*innen und die Herausgeber*innen gehen davon aus, dass die Angaben und Informationen in diesem Werk zum Zeitpunkt der Veröffentlichung vollständig und korrekt sind. Weder der Verlag noch die Autor*innen oder die Herausgeber*innen übernehmen, ausdrücklich oder implizit, Gewähr für den Inhalt des Werkes, etwaige Fehler oder Äußerungen. Der Verlag bleibt im Hinblick auf geografische Zuordnungen und Gebietsbezeichnungen in veröffentlichten Karten und Institutionsadressen neutral.

Springer VS ist ein Imprint der eingetragenen Gesellschaft Springer Fachmedien Wiesbaden GmbH und ist ein Teil von Springer Nature.
Die Anschrift der Gesellschaft ist: Abraham-Lincoln-Str. 46, 65189 Wiesbaden, Germany

Wenn Sie dieses Produkt entsorgen, geben Sie das Papier bitte zum Recycling.

Danksagung

Das Buch ist in Teilen im Rahmen des Seminars „Entschulung: ein Einführungsbuch" im Sommersemester 2017 an der TU Dresden entstanden, unter Mitarbeit von Dirk Beuker, Tobias Bode, Marcel Bulling, Josephine Eckert, Anna Maria Eltz, Johannes Gallus, David Cornelis Gootjes, Marie Kahl, Marie Kahl, Eva Kalex, Juliane Köhler, Anton Raphael Kürzinger, Jennifer Link, Eric Martin, Agnes Margarita Melichar, Lisa Victoria Meyer, Laura Naumann, Minh Duc Nguyen, Fridolin Pflüger, Ruth Pritzkau, René Richter, Hannes Röseler, Maximilian Salzmann, Julia Schilling, Joyce Schmiedel, Willi Schönherz, Ina Schreiner, Sophia Schyra, Paul Stibale, André Strobel, Bernhard Teichfischer, Paul Tonn, Cindy Urban, Susann Winter, Jennifer Zimmermann und Luise Zscheile. Den Studierenden sei an dieser Stelle herzlich gedankt, ebenso wie Rainer Barczaitis und Prof. Dr. Hedda Bennewitz für ihre wertvollen Kommentare und Hinweise zu Ergänzungen.

Inhaltsverzeichnis

1 **Einleitung: Schule – Schulkritik – Entschulung im 20. Jahrhundert**................................. 1
   1.1 Schulgeschichte: Die Entwicklung von staatlichen Schulen........ 3
   1.2 Schulpflicht und Unterrichtspflicht........................... 4
   1.3 Die Funktionen von Schule in der Moderne................... 8
   1.4 Schulkritik und Entschulungsforderungen aus verschiedenen Perspektiven... 8
   1.5 Das Verständnis verschiedener Lernprozesse als wichtiges Kriterium zur Unterscheidung von Entschulungsansätzen......... 11
   Fazit... 13
   Literatur... 13

2 **Entschulung der Gesellschaft – radikal informelles Lernen**......... 15
   2.1 Ivan Illichs Begründung einer Entschulung der Gesellschaft....... 16
      2.1.1 Auswirkungen von Illichs Forderungen im schulischen Kontext............................... 19
   2.2 Kritik an Illichs Forderung einer Entschulung der Gesellschaft..... 20
   Literatur... 24

3 **Entschulung der Schüler_innen – die Privatisierung des Lernens durch Hausunterricht und Freilernen**................... 25
   3.1 Hausunterricht – Mischung formaler und informeller Lernformen... 27
   3.2 Freilernen – selbstbestimmtes informelles Lernen............... 29

3.3 Hausunterricht und Freilernen – Diskussion und Kritik 34
    3.3.1 Positionen zur Schulpflicht. 34
    3.3.2 Homeschooling und Bildungsgerechtigkeit 40
    3.3.3 Homeschooling als Schutz vor Mobbing? 42
    3.3.4 Homeschooling als Schutz vor überfordernden Lehrer_innen?. 42
    3.3.5 Homeschooling als Schutz vor unerwünschten Inhalten und Einflüssen?. 43
    3.3.6 Unreflektierte pädagogische Einflüsse beim Freilernen 43
Literatur 44

4 Entschulung der Schule – die Organisation von nicht-organisiertem Lernen 47
4.1 Grundannahmen einer Entschulung der Schule 47
    4.1.1 Merkmale einer entschulten Schule 49
    4.1.2 Das Experiment einer entschulten Auszeit für Jugendliche. 51
4.2 Exkurs: Jugend-Pubertät-Adoleszenz und das Konzept der Entwicklungsaufgaben 51
    4.2.1 Schule und Jugend 53
    4.2.2 Entschulung und Jugend. 54
4.3 Die Realisierung entschulter Schule im 21. Jahrhundert 56
    4.3.1 „Herausforderungen" an der Evangelische Schule Berlin Zentrum. 57
    4.3.2 „Entschulung"/„Herausforderungen Jahrgang 8" an der Laborschule Bielefeld 59
    4.3.3 „Jugendschule Schlänitzsee" an der Montessorischule Potsdam 62
4.4 Diskussion: Würdigung und Kritik einer Entschulung der Schule 65
    4.4.1 Würdigung der Entschulung der Schule. 66
    4.4.2 Entschulung als Entgrenzung von schulischer Zuständigkeit. 67
    4.4.3 Sechs weitere Kritiklinien an Entschulung von Schule 69
Literatur 71

5 Entschulung erforschen ... 75
5.1 Empirische Forschung zur Entschulung der Gesellschaft ... 75
5.2 Empirische Forschung zur Entschulung der Schüler_innen ... 77
    5.2.1 Homeschooling – zwischen Hausunterricht und Freilernen ... 77
        5.2.1.1 Die Problematik des inhomogenen Konzepts ... 77
        5.2.1.2 Die Untersuchung des sozialen Lernens und der gesellschaftlichen Isolation ... 78
        5.2.1.3 Der Vergleich akademischer Leistungen ... 78
    5.2.2 Freilernen und informelles Lernen von Kindern und Jugendlichen ... 79
5.3 Empirische Forschung zur Entschulung der Schule ... 80
    5.3.1 Studien zu Teilaspekten von entschulter Schule ... 81
    5.3.2 Studien zu aktuellen Projekten der Entschulung von Schule ... 84
        5.3.2.1 Begleitstudie zur Jugendschule Schlänitzsee ... 84
        5.3.2.2 Untersuchungen des Forschungsverbundes HeRiS ... 86
        5.3.2.3 Untersuchungen an der Laborschule Bielefeld ... 86

Fazit ... 89

Literatur ... 91

Einleitung: Schule – Schulkritik – Entschulung im 20. Jahrhundert

Zusammenfassung

Entschulung ist der Versuch, das Lernen und die Persönlichkeitsentwicklung von Kindern und Jugendlichen außerhalb von Schule und ohne Schule zu ermöglichen. Die Beschäftigung mit Entschulung führt zurück auf grundsätzliche pädagogische Fragen: Warum wurden Schulen entwickelt? Welche Chancen und welche Gefahren bieten sie? Welche Alternativen zum Lernen in Schule gibt es? Und aktuell: Wie können Lernen, Unterricht und individuelle Entwicklung in der heutigen Gesellschaft gestaltet sein?

Entschulung basiert auf einer Kritik am System Schule. Schulkritische Strömungen zeigen in ihren unterschiedlichen Ausprägungen eine bemerkenswert hohe Stabilität der Argumentation über große Zeiträume hinweg. Von gesellschaftspolitischen und historischen Umständen gefärbt wird immer wieder die Frage aufgeworfen: Soll Schule grundlegend verbessert oder gar abgeschafft werden? Ausgehend von den verschiedenen kritischen Positionen werden im 20. Jahrhundert unter dem Begriff Entschulung unterschiedliche Vorstellungen entwickelt: Die Entschulung der Gesellschaft, die Entschulung der Schülerinnen und Schüler und die Entschulung der Schule.

▶ Die **Entschulung der Gesellschaft** ist ein theoretisches Konzept und fordert die Abschaffung aller Schulen, da sie als der Bildung und dem Lernen hinderlich und als unfähig angesehen werden, die gesellschaftliche Ungleichheit aufzuheben. Die Gesellschaft soll stattdessen alle Bereiche als Lernräume zugänglich machen und allen Menschen ein vernetztes System von Lern- und Lehrpartnerschaften anbieten.

▶ Die **Entschulung der Schülerinnen und Schüler** beruht auf der Ablehnung der Schulpflicht und des staatlich organisierten Unterrichts und entsteht aus der Kritik von Eltern. Die Vorstellung davon, wie Kinder stattdessen lernen können, variiert zwischen Hausunterricht nach bestimmten Lehrplänen und individueller Aneignung der Welt durch die Kinder als sogenannte Freilernende, gänzlich ohne von Erwachsenen erteilten Unterricht.

▶ Die **Entschulung der Schule** wendet sich gegen ein verschultes (auf vorgegebenes Fachwissen reduziertes) Lernen ohne situative Erfahrungsmöglichkeiten und entwickelt sich in der Praxis einzelner Schulen. Es werden innerhalb von Schule andere Lernformen, wie Projektlernen oder Praktika, sowie eine in die Schule eingebettete Auszeit von Schule gefordert und erprobt. Viele Elemente dieser Art reformpädagogischer Entschulung sind inzwischen Teil des Bildungssystems geworden.

Diese drei Formen der Entschulung werden in diesem Buch näher vorgestellt und kritisch hinterfragt (Kap. 2–4). Abschließend werden Untersuchungen und Forschungsergebnisse zu diesen Bereichen präsentiert (Kap. 5). Allerdings gibt es keine einheitliche Entschulungstheorie, sodass teilweise weit ausgeholt werden muss, um die theoretischen und historischen Bezüge herzustellen, die es zur systematischen Einordnung und zum tieferen Verständnis der Ansätze benötigt.

Zu Beginn dieses einführenden ersten Kapitels wurden der Begriff der Entschulung eingeführt und drei Formen von Entschulung kurz unterschieden und definiert. In den folgenden Abschnitten des ersten Kapitels werden die Entstehungsgeschichte von Schule (Abschn. 1.1) und Schulpflicht skizziert (Abschn. 1.2), und das Kapitel gibt einen Überblick über die Funktionen von Schule (Abschn. 1.3). Danach wird die Entwicklung der Entschulungsideen vor dem Hintergrund reformpädagogischer und antipädagogischer Schulkritik dargestellt. Dabei zeigt sich, dass die unterschiedlichen Entschulungsformen verschiedene Antworten auf die Frage nach der Verbesserung oder der Abschaffung von Schule geben (Abschn. 1.4). Abschließend werden unterschiedliche Begriffe vom Lernen (formales, informelles und non-formales Lernen) als Grundlage der jeweiligen analytischen Unterscheidung der Entschulungsformen vorgestellt (Abschn. 1.5).

Die folgenden drei Kapitel sind jeweils einem der Entschulungsansätze gewidmet: Entschulung der Gesellschaft (Kap. 2), Entschulung der Schüler_innen (Kap. 3) und Entschulung der Schule (Kap. 4) Die drei Ansätze von Entschulung werden jeweils beschrieben und kritisch hinterfragt. Das fünfte Kapitel ist abschließend als Forschungskapitel dem aktuellen Stand der empirischen Forschung zu Entschulung gewidmet.

Insgesamt ist diese Einführung in die Entschulung für die individuelle Lektüre und für die Bearbeitung im Rahmen eines Seminars geeignet. Deshalb beginnen die Kapitel mit einer kurzen Zusammenfassung; sie enthalten in Rahmen gefasste Wissensbausteine und Exkurse, erklärende Fallbeispiele und herausfordernde Reflexionsfragen, deren Bearbeitung zur Entwicklung eigener Positionen ermutigt.

Die Literaturangaben weichen in den ersten Kapiteln von der in erziehungswissenschaftlichen Veröffentlichungen üblichen Form wie folgt ab: Die Hauptwerke, auf die sich die einzelnen Kapitel beziehen, werden zu Beginn benannt (z. B.: „Das Kapitel zur Entschulung der Gesellschaft basiert, soweit nicht anders angegeben, auf Texten von …"). Auf diese wird in den einzelnen Abschnitten im Kapitel nicht erneut verwiesen. Auf alle andere Literatur und bei wörtlichen Zitaten wird wie üblich direkt im Text verwiesen. In einem Exkurs zu Erfahrungsberichten der Entschulung als Textgattung in Kap. 3 werden Erfahrungsberichte und Filme angegeben, die die verschiedenen Entschulungsversuche (meist in positiver Absicht) schildern. Im Forschungskapitel (Kap. 5) werden alle Literaturangaben wie üblich direkt im Text angegeben. Soweit nicht anderweitig umschrieben wurde zur Markierung einer geschlechtsbewussten Sprache ein Unterstrich verwendet, weil auf diesem Platz für alle Geschlechter ist.

1.1 Schulgeschichte: Die Entwicklung von staatlichen Schulen

Schulen sind Erfindungen, welche historisch gesehen auf bestimmte Fragestellungen antworten. Will man sich mit Ent-Schulung beschäftigen, also einer Bewegung weg von der Institution Schule, ist es sinnvoll, sich kurz der historischen Entstehung von Schule und Schulpflicht zu vergewissern:

Menschen lernen ursprünglich immer informell, „natürlich", d. h. sie schauen sich in Alltagssituationen etwas von Erfahrenen ab, sie fragen, probieren Neues aus und lernen aus Fehlern. Dies ist immer noch so bei kleinen Kindern oder in überschaubaren Lebensräumen in einem Dorf.

Die Anfänge von Schule liegen vor 8000 Jahren in Sumer und Ägypten; sie stehen in engem Zusammenhang mit der Entstehung von großen Gesellschaften mit deutlichem Machtgefälle und der Entwicklung der Schrift: Ausgewählte Jungen wurden im Lesen und Schreiben, in Rechnen und Geometrie unterrichtet. Auch in der Antike waren Lernen und Wissenserwerb nur Privilegierten möglich. Vom fünften Jahrhundert an wurde in Europa die Kirche zum Träger des Bildungswesens, und ab 1250 entstanden auch städtische Schulen, die aber keineswegs alle Kinder erreichten. Nach der Reformation wurde ab dem 16. Jahrhundert in einigen protestantischen Fürstentümern eine Schulpflicht für alle Kinder eingeführt: Die Menschen sollten selbst die Bibel lesen können und – im Glauben gefestigt – den Protestantismus weiter verbreiten, um damit die territorialen Besitzansprüche der Herrschenden aufrecht zu erhalten.

Ende des 17. Jahrhunderts entstand in der Aufklärung die Idee, dass alle Kinder Zugang zur Bildung haben sollten, aber erst mit dem Interesse des industrialisierten Staates an einer besser gebildeten Arbeiterschaft wurde sie zu Beginn des 19. Jahrhunderts in Preußen und den anderen deutschen Ländern als Unterrichts- und Bildungspflicht umgesetzt. Das bedeutete: Für Kinder, deren Eltern ihnen keinen Unterricht im Haus oder in einer Privatschule bieten konnten, gab es kostenfreie öffentliche Schulen. Es dauerte allerdings Jahrzehnte, bis wirklich alle Kinder eine Schule besuchen konnten. 1919 mit Gründung der ersten (Weimarer) Republik in Deutschland wird die Schulpflicht in Artikel 145 der Verfassung festgeschrieben.

Über Jahrhunderte ist Schule also eine Institution für wenige Privilegierte in einer Gesellschaft. Die Einführung einer staatlich verordneten Schulpflicht lässt sich historisch dann finden, wenn einem Staat ein Mindeststandard an Wissen oder Überzeugungen für alle Einwohner_innen nützlich erschien. Gleichzeitig wird damit ein gesellschaftlicher Aufstieg durch Bildung möglich. Erst im 20. Jahrhundert wird auch mit dem gleichberechtigten Zugang zu Bildung und mit der demokratischen Erziehung zur offenen Gesellschaft argumentiert.

1.2 Schulpflicht und Unterrichtspflicht

Dieser Abschnitt zur Schulpflicht basiert, soweit nicht anders angegeben, auf Texten von Gruschka (2003), Hecht (2009), Hentig (1971), Müller (1991), Oevermann (1996, 2003, 2004) und Tenorth (2014).

▶ **Schulpflicht** bedeutet, dass alle Kinder eines bestimmten Alters für einen bestimmten Zeitraum eine staatliche Schule oder eine staatlich anerkannte Privatschule besuchen müssen (in Deutschland heute je nach Bundesland vom 1. bis zum 9. oder 10. Schuljahr). Der Staat muss gemäß dem Recht jeder Person auf Bildung und Ausbildung einen unentgeltlichen Schulbesuch ermöglichen. Die Erziehungsberechtigten sind für die Erfüllung der Schulpflicht verantwortlich; eine Verletzung dieser Pflicht gilt als Ordnungswidrigkeit und kann mit Bußgeldbescheiden durch-

1.2 Schulpflicht und Unterrichtspflicht

gesetzt werden. Die Schulpflicht wird auch aktuell begründet mit dem Schutz der Kinder vor möglichen Parallelgesellschaften, z. B. im rechten Spektrum.

▶ Unterrichtspflicht unterscheidet sich von der Schulpflicht darin, dass auch ein Unterrichten außerhalb einer staatlichen Schule erlaubt ist. Die Vermittlung bestimmter Unterrichtsinhalte ist verpflichtend, nicht jedoch der Besuch einer Schule. Alternative Bezeichnungen sind „Bildungspflicht" oder „Lernpflicht".

Die Einführung einer staatlich verordneten Unterrichtspflicht lässt sich historisch immer dann finden, wenn für alle Einwohner_innen eines Staates ein Mindeststandard an Wissen oder Überzeugungen für den Staat nützlich erschien. Ab dem 16. Jahrhundert war dies in Deutschland insbesondere in protestantisch geprägten Fürstentümern der Fall. Es galt den „neuen Glauben" zu festigen, weiter zu verbreiten und damit territoriale Besitzansprüche aufrecht zu erhalten. Bei der Gründung neuer Nationalstaaten (z. B. den USA) sollte die Einführung einer allgemeinen Schulpflicht die neuen Staaten zusammenhalten, indem eine gemeinsame Wissensbasis und ein gemeinsames Gründungsnarrativ verbreitet wurden. In Preußen diente die Einführung einer Unterrichtspflicht Ende des 18. Jahrhunderts der Steigerung des Wirtschaftswachstums, indem zunehmend mehr besser ausgebildete Arbeitskräfte zu Verfügung standen.

Die Einführung der Unterrichtspflicht kann als eine soziale Errungenschaft begriffen werden: Alle Kinder bekamen eine Bildungsmöglichkeit und damit berufliche und gesellschaftliche Aufstiegschancen. Allerdings waren viele Familien eigentlich auf ihre Kinder als Arbeitskräfte angewiesen. Zugleich stellte die Unterrichtspflicht auch eine soziale Diskriminierung dar, da insbesondere Kinder aus ärmeren Familien die öffentlichen Schulen besuchen mussten, während wohlhabendere Schichten ihre Kinder weiter privat zu Hause unterrichteten oder auf Privatschulen schickten.

Im Zuge der Aufklärung und der Industrialisierung in Europa im 18. und 19. Jahrhundert stieg die Nachfrage nach vorgebildeten Arbeitskräften, die über die Fähigkeit zur Abstraktion, über formales Wissen und Kulturtechniken verfügten. Dies erforderte sowohl einen von allen zu erreichenden Wissensstandard als auch die Möglichkeit für alle jungen Menschen, eine entsprechende Bildung zu erhalten. Für zunehmend demokratisierte, bürgerlich geprägte Nationalstaaten war die Unterrichtspflicht zudem ein Mittel, Heranwachsende zu Mündigkeit und Urteilsvermögen zu befähigen. Die Vorstellung eines mündigen Bürgertums und einer Macht- und Ressourcenverteilung nach Leistung und nicht nach Stand wurde damit hervorgehoben. Zugleich dienten gegliederte Schulsysteme zur Legitimation von Eliten (über Bildung). Eine allgemeine Schulpflicht war jedoch bis in die zweite Hälfte des 19. Jahrhunderts in Deutschland noch nicht flächendeckend umsetzbar. Es fehlten Schulgebäude, Lehrpersonal und eine Bildungsverwaltung. Bis 1919 gab es keinen deutschlandweiten Zwang zum Besuch einer öffentlichen Schule. Erst mit der Weimarer Verfassung wurde die Unterrichtspflicht durch eine allgemeine Schulpflicht ersetzt. Lehrer_innen wurden Berufsbeamt_innen. Diese Einführung einer allgemeinen Schulpflicht diente auch der Abschaffung von Bildungsprivilegien bürgerlicher Schichten. Widerstände aus den Reihen konservativer Politiker führten dazu, dass die allgemeine Schulpflicht zwar im Prinzip an den Besuch einer staatlichen Schule gebunden war, aber innerhalb eines relativ eng gesetzten Rahmens der Besuch einer Schule in privater und kirchlicher Trägerschaft weiter ermöglicht wurde. Zwischen 1938 und 1948 war der Schulbesuch ausschließlich an der staatlichen Schule möglich. Der nationalsozialistische Staat (und in den ersten Nachkriegsjahren die Alliierten) sicherte sich so die Einflussmöglichkeit auf alle Schüler_innen. In der DDR wurde die Staatsschulpflicht beibehalten. In der BRD wird im Grundgesetz, Artikel 7, die begrenzte Möglichkeit einer Beschulung an privaten und konfessionellen Schulen analog zur Weimarer Verfassung wieder eingeführt. Für die Grundschuljahre (als gemeinsame „Volksschule" konzipiert) wurde die Hürde für den Besuch nicht-staatlicher Schulen besonders hoch gesetzt, um die Idee einer gleichen Bildungsgrundlage für alle Kinder unabhängig vom finanziellen Hintergrund zu stärken. Private Schulen dürfen – auch wenn sie Mittel und Wege finden dies zu umgehen – nur eine bestimmte Höhe an Schulgeld verlangen, damit „eine Sonderung der Schüler nach den Besitzverhältnissen der Eltern nicht gefördert wird" (Grundgesetz der BRD, Artikel 7 (4)). Private Schulen werden allerdings zu hohen Anteilen öffentlich finanziert. Homeschooling (Hausunterricht oder Freilernen) ist in Deutschland seit 1919 verboten. Die Schulpflicht galt in der BRD zunächst nur für Kinder mit deutscher Staatsangehörigkeit. Für ausländische Kinder wurde diese erst 1960 eingeführt. Für geflüchtete Kinder gibt es bis Stand heute (2020) in manchen Bundesländern nur ein Schulbesuchsrecht, aber keine Schulpflicht. Interessant ist, dass anlässlich der coronabedingten Schulschließungen auch ein **Schulrecht** gefordert wird, das entsprechend der UN Kinderrechtskonvention (Art. 28) zu den **Grundrechten** von Kindern gehören sollte.

1.2 Schulpflicht und Unterrichtspflicht

Es lassen sich zwei Argumentationslinien (historischer) Begründungen benennen, die zur Einführung der Schulpflicht geführt haben und die auch in der aktuellen Debatte über das Für und Wider der Schulpflicht regelmäßig angeführt werden.

Erstens Das Kind hat ein Recht auf Bildung und diese könne nur durch eine staatlich organisierte Schule für alle Kinder sicher gewährleistet werden. Schulen seien nötig, um allen Kindern Kulturtechniken, Normen und Werte zu vermitteln. Familie allein könne ab einem bestimmten Punkt die Erziehung und Vermittlung bestimmter Wissensstände nicht mehr leisten. Dazu werden Expert_innen, sprich: ausgebildete Lehrpersonen benötigt. Ohne Schulpflicht würde die Jugend verwahrlosen. Der Staat wird in Hinblick auf Bildung zum Vormund der Kinder. Er erhält einen Erziehungsauftrag, der zwar einen nicht unerheblichen Eingriff in Elternrechte bedeutet, aber mit dem Verweis auf das Kindswohl gerechtfertigt wird. Mit der Schulpflicht ist implizit eine Kritik an der Erziehungs- bzw. Bildungsfähigkeit der Eltern verbunden. Ursprünglich richtete sich diese Argumentation gegen bildungsunwillige Eltern und gegen Kinderarbeit.

Zweitens diene die Schulpflicht an öffentlichen Schulen dem Gemeinwohl. Die Schulpflicht sei notwendig für die Eingliederung und Integration der Kinder in die Gesellschaft. Zugleich solle sie Menschen den gesellschaftlichen Normen unterwerfen. Die Schulpflicht sorge dafür, dass soziale Ungleichheit kompensiert werde. Durch die allgemeine Schulpflicht werde die Bildung von Parallelgesellschaften (z. B. bestimmte religiöse oder politische Gruppen) erschwert und die Kinder vor einseitiger Indoktrination bewahrt. Schulpflicht wird als Bestandteil eines demokratischen Gesellschaftsbildes dargestellt. Allerdings muss erwähnt werden, dass gerade auch autoritäre Staaten sich des Instruments der Schulpflicht bedienen, um die Bevölkerung zu kontrollieren.

Auffallend in der deutschen Debatte ist, dass nicht zwischen Schul- und Unterrichtspflicht unterschieden wird. In den meisten europäischer Staaten herrscht eine Unterrichts- aber keine Schulpflicht. Dies ist beispielsweise in Frankreich, Großbritannien, Österreich, Finnland, Belgien, Dänemark, Russland, Schweden, den Niederlanden, Italien und einigen Kantonen in der Schweiz der Fall. Die Unterrichtspflicht und das Erreichen bestimmter Bildungsstandards außerhalb der öffentlichen Schulen (z. B. Hausunterricht, private Schulen) stehen dort unter staatlicher Kontrolle (Auswärtiges Amt 2017). Die Möglichkeiten eines Unterrichts werden in den einzelnen Staaten jedoch unterschiedlich streng reglementiert. Die oben angeführten Ziele einer Schulpflicht scheinen in diesen Ländern auch mit der Unterrichtspflicht erreichbar zu sein. Insofern kann die Schulpflicht als deutsches Phänomen bezeichnet werden (siehe den Abschnitt zur Kritik an der Schulpflicht in Kap. 3).

1.3 Die Funktionen von Schule in der Moderne

Die Vermittlung von Kulturtechniken und Wissen ist nicht die einzige Aufgabe, die die Institution Schule in einer Gesellschaft erfüllt. Darauf hat z. B. der Pädagoge Helmut Fend in seiner soziologischen Schultheorie (1980, 2006) hingewiesen. Er beschreibt die Strukturen, mit denen eine Gesellschaft die nachwachsende Generation vorbereitet und hebt 4 bedeutsame Funktionen von Schule hervor:

1. die Enkulturationsfunktion, die Kinder in die jeweilige Kultur einführt. Die Schüler_innen lernen wichtige Werte und Normen, sie werden sozialisiert und gewinnen darüber Identität und Teilhabe in ihrer Gesellschaft.
2. die Qualifikationsfunktion: Schulunterricht vermittelt einen Kanon von Wissen und Fertigkeiten in verschiedenen Fachbereichen. Damit werden die Jugendlichen auf Anforderungen der Berufstätigkeit vorbereitet.
3. die Selektionsfunktion (oder Allokationsfunktion): Durch Leistungsbewertung (Leistungsdruck) und verschiedene Abschlüsse sowie verschiedene Schulformen und Fachrichtungen dient Schule der Verteilung der Jugendlichen in verschiedene Berufsfelder. Die Jugendlichen erhalten dadurch unterschiedliche Möglichkeiten der Lebensplanung und Zugang zu unterschiedlichen Positionen in der Gesellschaft.
4. die Integrationsfunktion: Schule vermittelt die Normen und politischen Grundwerte der Gesellschaft und deren implizite (teils unbewusste) Übernahme. Dies ermöglicht den Jugendlichen politische Teilhabe und soziale Identität.

1.4 Schulkritik und Entschulungsforderungen aus verschiedenen Perspektiven

Dieser Abschnitt bezieht sich zur Reformpädagogik auf Texte von Oelkers (2005) und Idel und Ulrich (2017) sowie zur Antipädagogik auf Braunmühl (1999; 2006).

Seit der Ausweitung des Schulwesens im 19. Jahrhundert gibt es vielfältige Kritik aus unterschiedlichen gesellschaftlichen und politischen Motiven. In zwei Phasen, zu Beginn des 20. Jahrhunderts und in den 60er–80er-Jahren, wurden gesellschaftliche Gewissheiten in Westeuropa und Nordamerika auf vielen Ebenen hinterfragt. Entsprechend lassen sich im Verhältnis zur Institution Schule drei Hauptrichtungen der Schulkritik erkennen:

1. Die erste Gruppe – sozusagen die bewahrende – sieht die Notwendigkeit von Nachbesserungen, zum Beispiel an Rahmenbedingungen, Unterricht, Lehr-

1.4 Schulkritik und Entschulungsforderungen aus verschiedenen Perspektiven

kräften usw. Die Institution Schule an sich wird jedoch nicht infrage gestellt; es wird vielmehr versucht, die Schule zu perfektionieren.
2. Die zweite Gruppe – die revolutionierende – fordert eine neue Erziehung und eine völlig andere Art, Schule zu machen. Die Institution Schule, wie sie ist, wird grundsätzlich infrage gestellt, um sie dann verbessert neu aufbauen zu können.
3. Eine dritte Gruppe will die Schule gänzlich abschaffen, weil sie sie für die falsche Antwort auf das Problem von Lernen und Bildung hält: Sie stellt die Möglichkeit von Erziehung entweder grundsätzlich infrage oder lehnt die institutionalisierte Form des Lernens in Schulen vollständig ab.

Diese Strömungen entwickeln sich parallel zueinander, wobei auch Ideen voneinander aufgegriffen und im Rahmen der eigenen Richtung weiterentwickelt werden. Es kommt zu Überschneidungen, die eine klare Abgrenzung der Gruppen voneinander schwierig machen.

Die bewahrende und die revolutionäre Richtung entstehen ab 1890 bis 1930 aus der Bewegung der sogenannten **Reformpädagogik**, z. B. mit Gertrud Bäumer, Georg Kerschensteiner, Fritz Karsen, Ernst Meumann sowie dem „Bund entschiedener Schulreformer" in Deutschland, Alexander S. Neill in England, Celestin Freinet in Frankreich, Maria Montessori in Italien, Janusz Korczak in Polen, und John Dewey oder Helen Parkhurst in den USA.

Bei allen kristallisieren sich wiederkehrende Schwerpunkte der Kritik heraus, beispielsweise wird häufig angeprangert, die Schule behindere durch ihre Restriktivität die natürliche Entwicklung des Kindes und seiner Persönlichkeit. Die Freude am Lernen durch Erfahrungen werde ins Gegenteil verkehrt, und es werde zu wenig zu Selbsttätigkeit erzogen. Damit greift die Kritik zurück auf Ansätze, die bereits **Rousseau** im 18. Jahrhundert formuliert hatte.

Wissensbaustein Jean-Jaques Rousseau

Der französische Aufklärer **Jean-Jaques Rousseau** (1712–1778) beeinflusste mit seinen herausfordernden Schriften sowohl die philosophische Diskussion der Gesellschaftsordnung, wie die Vorstellungen der französischen Revolution, aber auch Fragen der Pädagogik.

1762 entwickelte er in *Du contrat social, ou Principes du droit politique/ Der Gesellschaftsvertrag oder Prinzipien des Staatsrechts* aus der Kritik an sozialer Ungleichheit die Vorstellung, dass die Voraussetzung der menschlichen Gemeinschaft ein Vertrag zum Wohl aller sei, dem sich alle freien

> Bürger freiwillig unterordnen und so eine sozial gerechte Gesellschaft garantieren.
> In *Emile oder die Erziehung* beschreibt er, wie ein Junge zum idealen Bürger wird: Das Kind soll sich selbst entfalten können und nicht mit vorgegebenem Wissen festgelegt werden; es macht eigene Erfahrungen und lernt durch Versuch und Irrtum. Gelegenheiten bieten sich dazu in der freien Natur, später auf Reisen dann kann es den Gesellschaftsvertrag eingehen (vgl. Rousseau 1958, 2008).

Eine Ursache für die Einschränkung der Persönlichkeitsentfaltung sehen Vertreter_innen der Reformpädagogik in der Struktur der Schulen. Die Folge sei eine Schematisierung der Schüler_innen (z. B. in Jahrgangsklassen mit festgelegtem Lernstoff), die die Individualität der Kinder nicht beachte. Um dem entgegenzuwirken verlangen die Reformpädagog_innen ein abwechslungsreiches Konzept, das einen Ausgleich zwischen Kopfarbeit im Klassenzimmer und praktischer Tätigkeit, Spiel und Freizeit gewährleistet, denn darin sehen sie die Förderung der kindlichen Natürlichkeit. Auch Lehrinhalte werden infrage gestellt. Besonders kritisiert werden die Lebensferne und eine Stoffmassenvermittlung wie durch einen Trichter, die nutzloses Wissen ohne Gebrauchswert und praktischen Bezug produziere.

Die Reformpädagogik, so lässt sich zusammenfassen, entwickelt keine einheitliche übergreifende Bildungstheorie; sie lehnt Schule nicht generell ab, sondern setzt auf überarbeitete oder grundlegend erneuerte Praxis, z. B. durch die entwicklungspsychologische Orientierung an den Bedürfnissen und Fähigkeiten der Kinder, durch demokratische Mitbestimmung und Mitgestaltung des Sozialen sowie durch Lehrende, die nicht autoritär, sondern eher beratend und fördernd auftreten. Überall erwachsen daraus Neugründungen von Schulen, z. B. als Arbeitsschule, als Einheitsschule, als Landerziehungsheime (Internate).

Im Gegensatz zu den beiden reformpädagogischen Richtungen lehnt die sogenannte **Antipädagogik** in der 1970er- und 1980er-Jahren nicht nur das Konzept Schule gänzlich ab (vgl. außerdem Kap. 2 zu Ivan Illich); ihre Vertreter_innen folgen den Forderungen der Antipsychiatriebewegung und der Kinderrechtsbewegung und sprechen sich gegen jede Form von Erziehung überhaupt aus. Eckehard von Braunmühl ist ein häufig diskutierter Vertreter der westdeutschen Antipädagogik. In seinem Verständnis von Pädagogik geht er davon aus, dass Kinder intuitiv beurteilen können, was gut für sie ist, und dass man Kinder der Gesellschaft und ihren Werten nur durch Zwang unterwerfen könne. Jene Werte und Normen ließen sich als Erziehungsziele pädagogisch nicht legitimieren, da sie immer einer bestimmten gesellschaftlichen und politischen Vorstellung unterlägen. Erziehung stehe der Würde, Freiheit und Autonomie des Kindes entgegen. Erwachsene sollten vielmehr für eine kinderfreundliche Welt eintreten und dafür sorgen, dass sich jedes Kind frei und ohne Verbote und Grenzen entwickeln könne.

Beide Kritikansätze wurden immer wieder hinterfragt:

Die Reformpädagogik wird als zu radikale Utopie kritisiert, die auf einer Mythisierung des Kindes beruhe: Dem als von Natur gut und selbsttätig dargestellten Kind werde zu pauschalisierend eine krankmachende Schule entgegengestellt.

Die Antipädagogik wird angegriffen als Verdunklung erzieherischer Machtstrukturen unter dem Deckmantel von Freiheit. Es sei unmöglich, Kinder nicht zu erziehen, denn alles, was Erwachsene tun oder nicht tun, sei in gewisser Weise erzieherisch. Diesen Prozess zu negieren führe zu einer unreflektierten Formung des Kindes.

1.5 Das Verständnis verschiedener Lernprozesse als wichtiges Kriterium zur Unterscheidung von Entschulungsansätzen

Neben den verschiedenen Bezügen zur Schulkritik beruht die analytische Abgrenzung von Entschulungs-Ansätzen auf der Unterscheidung von formalem, informellem und non-formalem Lernen. Diese wird im Folgenden kurz dargestellt:

Die folgenden Ausführungen basieren auf Texten von Baumbast, Hofmann-van de Poll und Lüders (2012), Europäische Kommission (2001), Fend (1980, 2006), Livingstone (2005), Müller, Schmidt und Schulz (2008), Overwien (2008) und Rauschenbach (2011).

Als Unterscheidungskriterien zwischen formalem, informellem und non-formalem Lernen werden häufig die Anwesenheit von Lehrpersonen, der Ort des Lernens, die Vergabe von Zertifikaten, die pädagogische Intention und Zielgerichtetheit oder die Freiwilligkeit der Lernenden herangezogen.

- Mit An- oder Abwesenheit von Lehrpersonen ist gemeint, ob es in der Lernsituation eine Person mit Wissens- oder Könnensvorsprung gibt, die anderen gezielt etwas beibringt.
- Bei Orten des Lernens wird unterschieden zwischen eigens für Lernen und Lehren ausgestatteten Unterrichtsräumen (z. B. Schulen, Universitäten, Sportstätten) und Orten des Alltags.
- Bei der Vergabe von Zertifikaten wird differenziert, inwieweit Lernleistungen nicht nur beobachtet und zurückgemeldet werden, sondern auch schriftlich vorzeigbar bestätigt – und damit unter Umständen zur Selektion genutzt werden.

- Mit pädagogischer Intention ist gemeint, dass das Lernen pädagogisch zielgerichtet und aufbauend geplant ist – oder ob es dagegen zufällig, z. B. beim Kinderspiel geschieht.
- Die Freiwilligkeit der Lernenden nimmt Bezug auf Anwesenheitspflichten im Gegensatz zu von den Lernenden frei gewählten Lernsituationen.

▶ Als **formales Lernen** wird das Lernen in vorstrukturierten Lerninstitutionen definiert, also Unterricht und Ausbildung im engeren Sinn. Als Beispiele können Schulunterricht, Kurse, Trainings, Musik- und Kunstschulen oder Volkshochschulen genannt werden. Die Formalität der Lernprozesse ist durch Lehrpläne, Lernziele, Stundenpläne und Didaktisierung bestimmt. Das Lernen ist strukturiert durch definierte Regeln und rechtliche Vorgaben. Formales Lernen findet an einem definierten und eigens dafür bereit gestellten Lernort statt. Der Lernprozess wird durch professionelle Fachkräfte begleitet. Es werden Zertifikate (Zeugnisse/Abschlüsse) vergeben, an die in der Regel Zugangsberechtigungen, d. h. berufliche und gesellschaftliche Lebenschancen geknüpft sind.

▶ Als **informelles Lernen** bezeichnet man Prozesse der Selbstbildung im Alltag außerhalb und unabhängig von pädagogischen Bildungsangeboten und Absichten, also das, was im Allgemeinen als aktive Sozialisation bezeichnet wird. Solche Prozesse der Selbstbildung könnte man auch als selbstgesteuertes „learning by doing" beschreiben, das häufig unstrukturiert und nicht beabsichtigt geschieht, z. B.: im kindlichen Rollenspiel oder im politischen Engagement. Es gibt aber auch selbst strukturiertes, absichtsvolles informelles Lernen, z. B. beim Skaten, im Ausleben von Hobbys oder im Umgang mit digitalen Medien. Informelles Lernen ist oft geprägt von Beobachtung, Nachahmung und Ausprobieren. Es findet in unmittelbaren Lebens- und Erfahrungszusammenhängen statt, im Alltag, im Familienkreis, am Arbeitsplatz oder in der Freizeit und führt nicht zur Zertifizierung oder zu Berechtigungen.

Die theoretische Auseinandersetzung mit informellem Lernen ist vielschichtig. Sie wird im Bereich der beruflichen Weiterbildung geführt, hat die Jugendarbeit erfasst und ist Thema politischer Steuerungsprozesse, z. B. wird auf EU-Ebene ein Weiterbildungspass diskutiert. Die damit verbundene wirtschaftliche und bildungspolitische Tragweite sowie die Auseinandersetzung um Deutungshoheit und Ressourcenverteilung seien hier nur angedeutet, um auf die Bedeutung des Themas aufmerksam zu machen.

▶ Als **non-formales Lernen** wird die pädagogisch intendierte Förderung informeller Lernprozesse beschrieben – außerhalb formaler Bildungsveranstaltungen und unabhängig von direkten pädagogischen Angeboten und Absichten. Beispiele sind das Aufstellen von Spielgeräten, von Skater- oder Kletteranlagen oder das Angebot kostenloser Proberäume für Nachwuchsbands. So werden günstige Gelegenheiten für pädagogisch erwünschte Lernprozesse geschaffen. Non-formales Lernen kann somit irgendwo zwischen formalem und informellem Lernen verortet werden. Es ist analog zum informellen Lernen häufiger in lebensweltliche Strukturen eingebettet als formales Lernen und wird üblicherweise nicht zertifiziert.

Fazit

Nachdem nun in diesem ersten Kapitel der Begriff der Entschulung eingeführt, drei unterschiedliche Entschulungsformen vorgestellt, die Entstehungsgeschichte von Schule sowie Schul- und Unterrichtspflicht skizziert, die Entwicklung von drei unterscheidbaren Kritiklinien an Schule im 20. Jahrhundert beschrieben und die Unterscheidung von formalem, informellem und non-formalem Lernen eingeführt wurde, widmet sich das folgende Kap. 2 einer ersten Entschulungsform, der Entschulung der Gesellschaft.

Reflexionsfragen zu Kap. 1
- Welche Erfahrungen mit den verschiedenen Lernformen habe ich gemacht?
- Welchen Aspekten der Schulkritik stimme ich grundsätzlich zu – und was würde ich aktuell noch ergänzen?
- Welche Veränderungsmöglichkeiten sehe ich zur Umsetzung dieser Kritik?

Literatur

Baumbast, S., Hofmann-van de Poll, F., & Lüders, C. (2012). *Non-formale und informelle Lernprozesse in der Kinder- und Jugendarbeit und ihre Nachweise*. München.
Braunmühl, E. v. (2006). *Antipädagogik. Studien zur Abschaffung der Erziehung* (Neuaufl., 1. Aufl.). Leipzig: Tologo-Verl.
Braunmühl, E. (1999). Antipädagogische Streitsätze. In U. Klemm (Hrsg.), *Quellen und Dokumente der Antipädagogik* (S. 90–100). Frankfurt/Main: Dipa
Europäische Kommission Generaldirektion Bildung und Kultur, Generaldirektion Beschäftigung und Soziales (2001). *Einen Raum des lebenslangen Lernens schaffen*.
Fend, H. (1980): Theorie der Schule. München/Wien/Baltimore: Urban und Schwarzenberg.

Fend, H. (2006): Neue Theorie der Schule. Einführung in das Verstehen von Bildungssystemen. Wiesbaden: VS

Gruschka, A. (2003). Von der Kritik zur Konstruktion ist oft nur ein Schritt: der der Negation (Diskussion des Beitrags von Ulrich Oevermann im gleichen Heft). *Pädagogische Korrespondenz* (30), S.71–79.

Hecht, M. (2009). Selbsttätigkeit im Unterricht: Empirische Untersuchungen in Deutschland und Kanada zur Paradoxie pädagogischen Handelns (1. Aufl.). Wiesbaden: Springer VS.

Hentig, H. v. (1971). Cuernavaca oder: Alternativen zur Schule? Stuttgart.

Idel, T-S. & Ullrich, H. (2017). *Handbuch Reformpädagogik*. Weinheim, Basel: Beltz

Livingstone, D. (2005). *Formen des Lernens und die Organisation von Bildung im Übergang zum Erwachsenenalter: Eine kanadische Perspektive*. In H.-U. Otto & T. Coelen (Hrsg.), *Ganztägige Bildungssysteme. Innovation durch Vergleich* (S. 39–53). Münster: Waxmann.

Müller, B. (1991). Die Last der großen Hoffnungen. Methodisches Handeln und Selbstkontrolle in sozialen Berufen. Weinheim.

Müller, B., Schmidt, S., & Schulz, M. (2008). *Wahrnehmen können: Jugendarbeit und informelle Bildung* (2., aktualisierte Aufl.). Freiburg; Breisgau: Lambertus.

Oelkers, J. (2005). *Reformpädagogik. Eine kritische Dogmengeschichte* (4., vollst. überarb. u. erw. Aufl.). Weinheim u.a.: Juventa Verl.

Oevermann, U. (1996). Theoretische Skizze einer revidierten Theorie professionalisierten Handelns. In A. Combe & W. Helsper (Hrsg.), Pädagogische Professionalität (S. 70–182). Frankfurt/Main: Suhrkamp.

Oevermann, U. (2003). Brauchen wir heute noch eine gesetzliche Schulpflicht und welches wären die Vorzüge ihrer Abschaffung? Pädagogische Korrespondenz ((30)), 54–70.

Oevermann, U. (2004). Über den Stellenwert der gesetzlichen Schulpflicht – Antwort auf meine Kritiker. Pädagogische Korrespondenz (32), S. 74–84.

Overwien, B. (2008). *Informelles Lernen – zum Stand der internationalen Diskussion*. In T. Rauschenbach, W. Düx & E. Sass (Hrsg.), *Informelles Lernen im Jugendalter. Vernachlässigte Dimensionen der Bildungsdebatte*. (2. Aufl.), S. 35–62. Weinheim: Beltz Juventa.

Rauschenbach, T. (2011). *Alltagsbildung – die andere Seite der Bildung*. In M. Krüger & N. Neuber (Hrsgs.), *Bildung im Sport. Beiträge zu einer zeitgemäßen Bildungsdebatte* (S. 35–52). Wiesbaden: Springer VS

Rousseau, J.J. (2008) *Der Gesellschaftsvertrag oder Prinzipien des Staatsrechts*. Wiesbaden

Rousseau, J.J. (1958). *Emile oder über die Erziehung*. Paderborn

Tenorth, H.-E. (2014). Kurze Geschichte der allgemeinen Schulpflicht. https://www.bpb.de/gesellschaft/bildung/zukunftbildung/185878/geschichte-der-allgemeinen-schulpflicht. Zugegriffen 4. Januar 2018.

Entschulung der Gesellschaft – radikal informelles Lernen

2

> **Zusammenfassung**
>
> In diesem Kapitel wird der von Ivan Illich in den 70er-Jahren vertretene Ansatz einer Entschulung der Gesellschaft vorgestellt, der Schulen als formale Bildungseinrichtungen völlig ablehnt und Lernen als Mischform aus selbstständigem informellem Lernen und der freiwilligen Teilnahme an non-formalen Lernsituationen organisieren möchte. An einem Beispiel werden die Auswirkungen von Illichs Ansatz auf Schule dargestellt. Es folgt die kritische Diskussion dieses Ansatzes. Dies Kapitel beruht auf Texten von Illich (1973), Hentig (1971) und Kohn (2012).

> **Wissensbaustein: Ivan Illich**
>
> Der Philosoph und Priester Ivan Illich (1926–2002) stammte aus Wien. Ausgehend von Erfahrungen in Lateinamerika (Puerto Rico und Mexiko) kritisierte er die Institutionen des Bildungs- und Gesundheitswesens in sogenannten Entwicklungsländern. 1960 gründete er gemeinsam mit Freunden das „Center of Intercultural Formation" aus dem sich später das „Centro intercultural de documentation" in Cuernavaca in Mexico entwickelte. 1970 stand er im Gedankenaustausch mit namhaften nordamerikanischen Schulkritikern (u. a. mit Everett Reimer (1970), Paul Goodman, Paulo Freire (1977), George Dennison (1971)) und entwickelte aus der gemeinsamen Kritik an den Institutionen der technisierten Gesellschaften und ihrer Haltung zu den sogenannten Entwicklungsländern sein Buch „Deschooling Society", das lebhafte Debatten auslöste. Kohn (2012) hinterfragt kritisch, wie

> viele der in dem Buch geäußerten Gedanken genuin Illichs waren und wie viel er ohne Quellenangabe von den oben genannten Gästen in Cuernavaca übernahm. Später legte Illich sein Priesteramt nieder und publizierte und lehrte (ab 1979) in Deutschland zum Thema Erziehung und Wachstumskritik.

2.1 Ivan Illichs Begründung einer Entschulung der Gesellschaft

Für Illich bedeutet Entschulung der Gesellschaft die Abschaffung aller Schulen, denn Schule sei das wirksamste Instrument zur Vorbereitung der Kinder auf ein entfremdetes Leben unter Leistungs- und Konsumdruck und eine primäre Ursache für die Ausbreitung sozialer Ungleichheit. Durch Schule sei allgemeine Bildung nicht erreichbar. Sie könne weder leisten, was sie verspreche, noch den Bedarf an nützlichem Wissen decken. Schule verhindere dies sogar: „Tatsächlich ist Lernen diejenige menschliche Tätigkeit, die am wenigsten der Manipulation durch andere bedarf. Das meiste Lernen ist nicht das Ergebnis von Unterweisung. Es ist vielmehr das Ergebnis ungehinderter Interaktion in sinnvoller Umgebung." (Illich, S. 65).

Illich bezeichnet Schule als die Kirche der technisch-wirtschaftlichen Zivilisation und vergleicht sie mit einer zentralen hierarchischen Bürokratie. Schule sei eine zum Selbstzweck gewordene Institution. Jede Reform von Schule festige nur ihre Fehlfunktion.

Illich formuliert fünf zentrale Kritikpunkte an Schule und ihren verschiedenen Funktionen:

1. Er kritisiert das **Monopol von Schule** auf Erziehung und Lernen. Schule werde mit Bildung gleichgesetzt. Nur die von Schule vermittelte Bildung eröffne durch die Zertifizierung einen erfolgreichen Weg in die Gesellschaft. Dadurch werde anderes, nicht in der Schule stattfindendes Lernen ausgeblendet und andere Lernformen und Lerngegenstände (z. B. im elterlichen Betrieb) abgewertet. Illich fasst zusammen, dass Schule eine Zwangsveranstaltung ist, die insbesondere die Wichtigkeit von Schule lehrt.
2. Die **Schulpflicht** kritisiert Illich als nicht notwendig, sondern erklärt sie für kontraproduktiv. Sie werde häufig mit einem Minimum an Kenntnissen und Einstellungen begründet, die allen Kindern und Jugendlichen vermittelt werden sollten. Auch sollten diese damit vor Kinderarbeit und pädagogisch un-

erwünschten Alternativen (Langeweile, „Müßiggang") geschützt werden. Der Zwang der Schulpflicht laufe jedoch der guten Absicht zuwider und habe eine fatale Wirkung. Illich fordert daher die Abschaffung der Schulpflicht.
3. Inhaltlich stellt Illich **die Notwendigkeit und Funktion von Lehrplänen** (Curricula) infrage, die er als pädagogische Pflichterlebnisse beschreibt. Das Absolvieren eines Curriculums werde mit Bildung gleichgesetzt, Bildung damit auf ein vorgegebenes Programm verkürzt. Der Lehrplan wirke wie ein Computerprogramm, das einem vorgegebenen Ablauf folgt. Zudem diene das Curriculum der Messbarkeit von Lernen und diese scheinbar objektive Messbarkeit führe zu einer trügerischen Sicherheit. Die Behauptung, Lehrpläne dienten dazu, in Schulen wissenschaftlich überprüfbares Wissen zu vermitteln, sei in mehrfacher Hinsicht eine Täuschung. Nicht alle Inhalte ließen sich wissenschaftlich fundieren. Mit dieser Quasineutralität werde die politische Dimension von Lehrplänen und ihren Inhalten verborgen. Schule diene mit den Curricula nicht der individuellen Selbstentfaltung, sondern der Eingliederung und der Zuordnung in eine Gesellschaft. Selbstbestimmung und Politik seien in der Schule nicht erlernbar, dazu müsse man sich andere Lernfelder suchen. Mit der Vermittlung der Sekundärtugenden, wie Pünktlichkeit, Gehorsam, Fleiß, und dem „sogenannten heimlichen Lehrplan" (nicht offen gelegten Zielen, wie Leistungskonkurrenz und hierarchisches Denken) erziehe Schule politisch im Sinne der staatlichen Macht, z. B. im Nationalsozialismus. Illich fordert, man möge doch zumindest auf die Präambeln der Lehrpläne mit ihren hehren Zielen verzichten.
4. Ebenso bemängelt er die **Lehrerzentrierung** der Schule. Der Lernprozess sei trichterförmig angelegt. Die Lernenden seien passive Objekte. Lehrer_innen werde fast uneingeschränkte Macht über Schüler_innen eingeräumt – ähnlich wie Priestern, Richter_innen oder Therapeut_innen. Gleichzeitig werde diese Stellung jedoch von den Schüler_innen hinterfragt und der Lernprozess damit verhindert.
5. Schließlich kritisiert Illich die Beschränkung von **Schule als Lernort ausschließlich für Kinder und Jugendliche**. Lernwillige jenseits des festgesetzten Schulalters seien ausgeschlossen. Damit werde eine Aufteilung in lernende, unfertige Kinder und handelnde, verantwortungsvolle Erwachsene hervorgebracht und gefestigt. Da Kinder laut Illich im ökonomischen Prozess einer industrialisierten Gesellschaft stören, werde eine künstliche Schulkindheit erfunden, in der Kinder zwischengelagert werden. Ihnen werde die Mündigkeit abgesprochen, obwohl sie zumindest teilweise mehr und anderes Wissen und Können besitzen, mehr Fragen stellen und andere Lösungen vorschlagen als die für sie zuständigen Fachleute.

Aufgrund dieser Kritik entwickelt Illich sein Konzept der Revolutionierung von Bildung und ihrer Organisation und setzt dabei radikal bei den Bedürfnissen der Lernenden an: Im Zentrum guter Bildungsprozesse sollen die persönlichen Fähigkeiten und individuellen Interessen der einzelnen Lernenden stehen. Damit stellt Illich sich deutlich gegen durch Curricula festgesetzte Abläufe, die lediglich dazu dienen, überprüfbares Wissen zu vermitteln. Er setzt radikal auf informelles Lernen und nennt drei Kriterien für ein gutes Bildungssystem:

- Es soll allen, die lernen wollen, während ihres gesamten Lebens Zugang zu Lerngelegenheiten verschaffen.
- Es soll allen, die ihr Wissen und Können teilen wollen, ermöglichen, Lernende zu finden, die von ihnen lernen wollen.
- Es soll öffentliche Lernherausforderungen und Meinungsäußerungen ermöglichen.

Um das zu erreichen, schlägt Illich als Ersatz für die Abschaffung der Institution Schule formale Elemente wie Bildungsgutscheine, einen Marktplatz, bzw. ein Netzwerk mit Angeboten von Kursen und Lehrpersonen und den Ausbau von öffentlichen Bildungseinrichtungen vor, die die Gesellschaft den Lernenden zugänglich machen muss. Er benennt vier sogenannte „Vermittlungsdienste":

1. die Vermittlung von Gegenständen und Einrichtungen, an denen und in denen man lernt (z. B. Räume mit PCs und anderen Medien, Bibliotheken, Laboratorien, Werkstätten, Kinos, Theater, Museen),
2. die Vermittlung von Übungsgelegenheiten für Fertigkeiten (z. B. Kurse für Gitarre, Nähen, Autofahren),
3. die Vermittlung von Lernpartner_innen und Lerngruppen, die man zum gemeinsamen Lernen sucht,
4. die Vermittlung von Lehrer_innen aller Art (Fachleute und kompetente Laien), die ihr Wissen und Können anbieten und sich auf die individuell Lernenden einlassen (in einem Adressbuch mit Kontaktdaten und Bedingungen, bzw. Erwartungen).

Die Vermittlung dieser Bildungsmöglichkeiten könnte nach Illich mit Bildungsgutscheinen oder Kreditkarten, die ein Mensch bei der Geburt erhält, bezahlt werden – oder es werden Leistungen als Guthaben gesammelt und getauscht.

2.1.1 Auswirkungen von Illichs Forderungen im schulischen Kontext

Anders als die praktischen Umsetzungen von reformpädagogischen Ideen durch Schulgründungen in den 1920er-Jahren, deren Erfahrungen in den 1960er- und 70er-Jahren das Nachdenken über Bildung und Schulsysteme weiter beeinflussten, wurde die Entschulung einer ganzen Gesellschaft nie gezielt erprobt. Krisen oder Kriege führen zeitweise zu schullosen Gesellschaften, weil beispielsweise die Gebäude zerstört sind. Das führt jedoch nicht zu den von Illich als wünschenswert beschriebenen Lernformen, sondern ist nur eine temporäre, unerwünschte Folge.

Illichs Streitschrift, deren leidenschaftliche Haltung, mit der er von den in der Gesellschaft Benachteiligten ausgeht, auch heute beeindruckt, hat jedoch zur damaligen Zeit in Wissenschaft und Praxis viele Pädagog_innen angeregt, kritisch über die Aufgabe von Schule und den Lehrberuf nachzudenken, besonders in der Bundesrepublik, wo nach dem 2. Weltkrieg – anders als mit der Entwicklung der Einheitsschule in der DDR – das gegliederte Schulsystem fortgesetzt wurde, das nach der Auffassung progressiver Pädagog_innen die gesellschaftliche Ungleichheit fortschrieb. Einige seiner Forderungen finden sich heute im kleinen, privaten Bereich beim Thema Homeschooling wieder (siehe Kap. 3).

Die in den USA gegründeten Sudbury-Valley-Schulen oder einzelne nach der antiautoritären Kinderladen-Bewegung in Deutschland entstandene Freie Schulen gehen als bewusst demokratische Schulen von der Initiative der Schüler_innen aus; sie halten häufige Schulversammlungen mit Mehrheits- oder Konsensentscheidungen ab und geben informellem Lernen großen Raum – damit realisieren sie Illichs Gedanken als Ausnahmebeispiele im Kleinen.

Fallbeispiel: Die Sudbury-Valley-School (vgl. Greenberg und Wilke 2014)

Die ursprüngliche Sudbury-Valley-School wurde 1968 in Framingham (Massachusetts) gegründet. Daniel Greenberg (geb. 1934), einer der Mitbegründer der Schule, war Physikprofessor und hat als Autor die philosophischen Grundgedanken der Sudbury-Valley-Schule und Erfahrungsberichte veröffentlicht. Mittlerweile gibt es weltweit ähnliche Schulen, auch in Deutschland.

In Sudbury-Valley-Schulen wird versucht die Idee, der Mensch sei von Natur aus neugierig und lerne daher fortlaufend, konsequent umzusetzen. Die Schule bietet mit ihren Mitarbeiter_innen, dem Gelände, der Ausstattung und der Bibliothek Quellen für das Lernen. Doch es bleibt allen Schüler_innen selbst überlassen, ob, wann und wie oft sie diese nutzen, d. h. die Schule organisiert einen entschulten Raum, innerhalb dessen konsequentes Freilernen möglich ist. Die Kinder und Jugendlichen kommen morgens auf das Gelände und können dort ihren Interessen nachgehen. Alle lernen in eigener Geschwindigkeit. Die Erwachsenen machen keine aktiven Lernangebote. Auf Wunsch kann es zu zeitlich begrenzten Lerngruppen kommen, die sich eine/n Erwachsenen suchen, der oder die ihnen ein bestimmtes Thema näher erläutert. Dabei sind die Lerngruppen unabhängig von Altersstufen, z. B. können in einem Arithmetik-Kurs 8- bis 12-Jährige teilnehmen. Manchmal sind die Jüngeren in einem Bereich weiter als die Älteren und bringen diesen z. B. die Nutzung eines Computerprogramms bei.

Die Sudbury-Valley-School hat den Anspruch demokratisch organisiert zu sein. Davon zeugt die Entscheidungsinstanz, das *school meeting*, bei dem alle Mitarbeiter/innen und Schüler_innen ein gleiches Stimmrecht haben. Dort werden die Regeln, Budgetverteilung, Verwaltung, Einstellung oder Entlassung von Mitarbeiter_innen sowie Disziplinfragen verhandelt.

Die Bewertung der Lernfortschritte liegt bei den Lernenden: Es gibt keine Noten oder Zertifikate. Dadurch müssen die Jugendlichen in den USA in Einstellungsgesprächen an den Colleges besonders beweisen, was sie können. Dafür bilden sie vorher regelmäßig feste Lerngruppen und schließen mit bestimmten Mitarbeiter_innen einen Vertrag, der sie dazu verpflichtet, pünktlich zu den festgesetzten Terminen zu erscheinen und die Hausaufgaben zu erfüllen. Die Lehrerpersonen verpflichten sich ebenso, zu den festgesetzten Terminen in einem abgesprochenen zeitlichen Rahmen Unterricht zu erteilen. Dabei ist es jedoch wichtig zu erwähnen, dass es keine Unterrichtspflicht gibt. Hält sich ein Vertragspartner nicht mehr daran, verfällt der Vertrag. Laut Greenberg sind die Jugendlichen meist sehr erfolgreich: 90 % schaffen den Sprung und sind von den aufnehmenden Colleges mit ihrer Eigenständigkeit gern gesehen. ◄

Interessant ist in Bezug auf den Ansatz einer Entschulung der Schüler_innen (siehe Kap. 3) das Paradox, dass hier die Schule als Institution genutzt wird, um einen entschulten Raum zu schaffen, der ein solches Freilernen ermöglichen soll.

2.2 Kritik an Illichs Forderung einer Entschulung der Gesellschaft

Ein wichtiger Kritiker Ivan Illichs war der deutsche Pädagoge Hartmut von Hentig, der 1971 eine Replik, d. h. eine kritische Antwort auf Illichs Thesen formulierte.

2.2 Kritik an Illichs Forderung einer Entschulung der Gesellschaft

Wissensbaustein: Hartmut von Hentig
Hartmut von Hentig wurde 1925 in Posen geboren. Sein Vater war Diplomat, entsprechend wuchs Hentig teilweise im Ausland auf. Er studierte Altgriechisch und Latein (als klassischer Humanist nimmt er daher oft Bezug auf antike Mythen und Philosophen) und promovierte in den USA. Hentig arbeitete als Lateinlehrer, bevor er auf eine Pädagogik-Professur in Göttingen berufen wurde. Seit 1961 stand er im Austausch mit Ivan Illich, besuchte ihn 1970 in Guernavaca/Mexico und schrieb das Vorwort zur deutschen Ausgabe von Illichs „Entschulung der Gesellschaft". Aus der Begegnung mit amerikanischen Schulkritikern erhielt er wichtige Impulse für seine Theorien. Als er 1968 einen Ruf an die neugegründete Universität Bielefeld erhielt, initiierte er zwei Schulversuche als Einrichtungen der pädagogischen Fakultät: die Laborschule und das Oberstufenkolleg (siehe Kap. 4).

Hentig verstand sich als Pädagoge und Wissenschaftler als Vertreter der Praxisforschung und zugleich immer auch als streitbarer Bürger und äußerte sich zu gesellschaftlichen Themen. Lange galt Hentig als einer der führenden deutschen Pädagogen. Zu seinen Werken zählen „Die Schule neu denken" (1993) und „Bildung" (1996). In den letzten Jahren verlor Hentig diese Anerkennung aufgrund seiner Aussagen zu den Missbrauchsfällen an der Odenwaldschule durch seinen Lebensgefährten Gerold Becker.

Hentig lehnt trotz seiner freundschaftlichen Verbindung zu Ivan Illich und seinem eigenen Nachdenken über Alternativen zu Schule und Erziehung dessen prinzipielle Forderungen deutlich ab. In seiner Replik folgt er Illichs Ausführungen:

1. Illichs Kritik am Lernmonopol von Schule stimmt Hentig grundsätzlich zu, denn der institutionelle Zwang zum Lernen schränke die individuelle Freiheit und Entwicklung ein und verderbe das Lernen selbst: „Wenn das Erfahren der Welt, das Abenteuer der Selbstfindung, die Erprobung des Zusammenlebens, das Anbahnen von Entscheidungen über Beruf und Politik, über meine Freiheit, meine Freunde so – so erbärmlich – aussieht, weil Schule das Lernen monopolisiert, dann geschieht etwas Nichtwiedergutzumachendes: das Lernen selbst wird verdorben." (Hentig 1971, S. 77). Der Ansatz einer Entschulung der Gesellschaft löse eine Unterscheidung zwischen informellem Lernen und formalem Lernen in der Schule durch die Abschaffung letzterer scheinbar auf. Zur Befreiung vom institutionalisierten Lernzwang stilisiert („Alles Lernen ist Freizeit"), könne eine Abschaffung von Schule jedoch einhergehen mit einer un-

kontrollierten Ausdehnung von Lernen als permanenter, selbst verantworteter Lebensaufgabe („Alle Freizeit ist Lernen"). Die Menschen würden letztlich zu selbstverantwortlichen Lernunternehmern zugunsten ihrer Bildungsbiografie und ihrer gesellschaftlich-ökonomischen Verwertbarkeit.

2. Anderseits bezeichnet Hentig die Einlassungen Illichs zur Abschaffung der Schulpflicht als naiv. Die Annahme, *alle* Kinder würden von ganz alleine aus Neugier *alles* lernen, teilt Hentig nicht, weil dabei Umwelteinflüsse und die sehr unterschiedlichen Lebensverhältnisse von Kindern und Jugendlichen unterschlagen werden. Es brauche eine kompensatorische Erziehung und Bildung, also den Versuch eines Ausgleichs ungleicher sozialer Ausgangsbedingungen. Der freie (Lern-)Markt könnte die soziale Ungleichheit erhöhen. Die auf Schulpflicht basierende öffentliche Schule sei keine Garantie gegen Ungerechtigkeit und Grausamkeiten. Die Entschulung der Gesellschaft aber auch nicht.

3. Hentig kritisiert wie Illich Lehrpläne, die Lerninhalte in vorgefertigte, messbare Pensen verwandeln; abschaffen will er Lehrpläne aber nicht. Hentig fordert vielmehr dazu auf, Lehrpläne selbst politisch zu machen, sie in Curricula-Werkstätten an den Schulen ständig weiter zu entwickeln. Lehrpläne sollen für ihn nicht allein die Frage klären, wie die Welt besser wird, wenn die Kinder das, was die Erwachsenen ihnen heute auf den Weg geben, irgendwann verwirklichen; Lehrpläne sollen zugleich Antwort auf die Frage liefern, wie Schule die Gesellschaft bereits jetzt verändern kann.

4. Mit Blick auf die Lehrerinnen und Lehrer warnt Hentig davor, dass bei der freien Wahl von Lehrpersonen – wie teilweise auch an bisherigen Schulen – „Fanatiker, Verführer, Scharlatane und Quacksalber" (Hentig 1971, S. 93) mit Lernenden in Kontakt kommen und sie beeinflussen können. Sie hätten gerade als freiwillig gewählte Lehrpersonen noch stärkere Verfügung über ihre Zöglinge, bis zur vollständigen Unterwerfung beim Anschein von Freiheit (Rousseau). Hentig betont die Notwendigkeit von Lehrpersonen und den Wert einer guten fachlichen und pädagogischen Ausbildung und kritisiert, Illich würde mit der Schule auch die professionellen Lehrpersonen abschaffen: „Ein sinnvolles Aufwachsen und Lernen ohne Menschen, die helfen, schützen, voraussehen, kann es in unserer Welt nicht geben." (Hentig 1971, S. 95).

5. Bezüglich der Beschränkung von Schule auf Kindheit und Jugend kritisiert Hentig die theoretische Analyse von Illich: Kindheit als Phänomen (Aries 1975) sei nicht das Produkt von Schule, sondern gesellschaftliche Umstände brächten die Kinderschule hervor. In Anlehnung an Rousseau führt er aus, dass Kindheit gerade darum erfunden wurde, um Kinder davor zu schützen, kleine Abbilder der Erwachsenen zu werden. Sie sollten durch das Konstrukt der Kindheit vor

2.2 Kritik an Illichs Forderung einer Entschulung der Gesellschaft

Dressur geschützt werden und einen Freiraum zur Selbstentfaltung erhalten. Diese schützenswerte Phase solle unter öffentlicher Aufsicht stehen – was nicht bedeute, einen Schonraum mit künstlichen Problemen zu schaffen. Hentig ergänzt, dass es entwicklungspsychologisch bestimmte Lernfenster gibt, die das Erlernen bestimmter Fertigkeiten und Kenntnisse in einem bestimmten Alter nahe legen (z. B. das Schreibenlernen).

Nach diesen Überlegungen fasst Hentig seine Kritik an Illichs Lösungsvorschlägen folgendermaßen zusammen:

„Man versteht ein Parlament, einen Gerichtsprozeß, eine Börse, einen Parteikonvent, eine Magenoperation nicht durch bloßes Zusehen, also indem man die Türen zu diesen Vorgängen öffnet." (Hentig 1971, S. 99). Außerdem sei die Auswahl der von Illich vorgeschlagenen Vermittlungsdienste so zufällig und ergänzungsbedürftig, dass sie zwar ein Modell für gesellschaftliches Lernen darstellten, aber so noch nicht die Schule ersetzen könnten. Dabei bestehe die Gefahr pädagogischer Entgrenzung: Die Macht der jeweiligen Lehrenden vergrößere sich. Schließlich würde eine Gesellschaft, wenn Illichs Analyse zuträfe, wohl kaum per Gesetz die Schule abschaffen. Umgekehrt würde die Gesellschaft nicht automatisch besser, indem man die Schule abschafft: „Die Schule abzuschaffen, ohne zugleich die Gesellschaft pädagogisch zu machen – zu einer belehrenden, anregenden, befreienden Umwelt – das werde die gewünschte Selbstbestimmung gerade nicht herstellen, sondern die Mehrheit der Kinder einer unaufgeklärten, einseitigen, sterilen Erfahrung ausliefern: sie auf die Welt festlegen, wie sie ist." (Hentig 1971, Klappentext). Auch wenn Hentig ausdrücklich Illich andere Absichten zugute hält, macht er doch darauf aufmerksam, dass Illichs Vorstellungen von Entschulung Gefahr laufen, ein Sammelbecken für Anhänger_innen institutionskritischer, anti-intellektueller Gedanken und nostalgisch-romantisierender, vormoderner Verhältnisse zu werden. Illich wecke die falsche Erwartung „… sich radikal von dem zu befreien, was uns nicht gelingt: von rationaler Verantwortung für die selbstgemachte Welt" (Hentig 1971, S. 74). Das Einüben solcher Verantwortung und das aktive Mitgestalten von Welt sei umgekehrt eine Aufgabe von Schule.

Hentig betont, es sei gut für Schule, wenn man über prinzipielle Alternativen für sie nachdenke, denn dadurch zeigten sich Ansätze, wie man Schule in ihren Funktionen verändern kann und muss. Schule ohne Alternative verabsolutiere sich selbst. Trotz aller Kritik hält er letztlich an Schule als staatlicher Institution und damit an formalisierter und intentionaler Erziehung und Bildung fest. Er setzt jedoch auf eine Verbesserung von Schulen, wobei zugleich die heutige menschenfeindliche gesellschaftliche Umwelt geändert werden müsse. Hentig versteht Schule als ein Labor der Gesellschaft, in dem Kinder und Jugendliche das gesellschaftliche Zusammenleben erproben und die Erfahrung von Veränderbarkeit und Gestaltbarkeit ihres Lebensraumes machen. In diesem Sinn sei Schule eine Institution, die der Gesellschaft hilft umzudenken (Hentig 2007, S. 19).

Um diese Verbesserung der Schule zu erreichen, plädiert Hentig für eine Entschulung der Schule. Dieser Ansatz wird in Kap. 4 vorgestellt.

Reflexionsfragen zu Kap. 2
- Welche Anreize bietet die Idee von Bildungsgutscheinen und -marktplätzen?
- Welche Lernorte sollte unsere Gesellschaft für Lerninteressierte öffnen?
- Welche Gefahren sehe ich in Illichs Lösungsvorschlägen?

Literatur

Ariès, P. (1975). *Geschichte der Kindheit*. München: Hanser.
Dennison, G. (1971). *Lernen und Freiheit. Aus der Praxis der First Street School*. Frankfurt/Main.
Freire, P. (1977). *Erziehung als Praxis der Freiheit*. Reinbek: Rowohlt.
Greenberg, D. & Wilke, M. (2014). *Endlich frei!: Leben und Lernen an der Sudbury-Valley-Schule* (3. Aufl.). Freiamt im Schwarzwald: Arbor.
Hentig, H. v. (1971). *Cuernavaca oder: Alternativen zur Schule?* Stuttgart.
Hentig, H. v. (2007). *Bewährung. Von der nützlichen Erfahrung nützlich zu sein*. Weinheim.
Hentig, H. v. (1993). *Die Schule neu denken. Eine Übung in praktischer Vernunft*. München: Hanser.
Hentig, H. v. (1996). *Bildung. Ein Essay*. München: Hanser.
Illich, I. (1973). *Die Entschulung der Gesellschaft: Entwurf eines demokratischen Bildungssystems. Mit einem Vorwort von Hartmut von Hentig*. Reinbeck.
Kohn, E. (2012). *Der ganz andere Ivan Illich: Lebenslauf und konstruierte Geschichte eines Verkünders*. Weinheim; Basel: Beltz Juventa.
Reimer, E. (1970). *An essay on alternatives in education* (3rd Aufl.). Cuernavaca, Méx.

Entschulung der Schüler_innen – die Privatisierung des Lernens durch Hausunterricht und Freilernen 3

> **Zusammenfassung**
>
> Im dritten Kapitel wird der Ansatz einer Entschulung der Schüler_innen vorgestellt. Diese Form der Entschulung geht – anders als die gesellschaftstheoretischen Überlegungen zu einer Entschulung der Gesellschaft oder die schulpädagogischen Reformideen zu einer Entschulung der Schule – hauptsächlich von Erfahrungen und Vorstellungen von Eltern aus, die für ihre Kinder keinen Besuch staatlicher Schulen wünschen, weil sie deren Sozialisationsform oder bestimmte Inhalte ablehnen. Das englische Wort Homeschooling wird als Oberbegriff für verschiedene Formen des Unterrichts und Lernens verwendet, die auf Unterricht in einer Schule verzichten. Homeschooling wird im Folgenden unterteilt in Hausunterricht, als eine Form von Unterricht durch Eltern zu Hause, und Freilernen, als eine Form von Lernen zu Hause, die weitgehend auf Unterrichtssituationen verzichtet. Nach der einleitenden Unterscheidung werden jeweils für Hausunterricht und Freilernen die Grundannahmen, Ideenentwicklung und Fallbeispiele dargestellt. Das Kapitel endet mit einer Kritik an Hausunterricht und Freilernen und den Reflexionsfragen. Das Kapitel zur Entschulung der Schüler_innen basiert, soweit nicht anders angegeben, auf Texten von Mohsennia (2004), Holt und Farenga (2003), Fischer (2009) und Thomas (2002).

▶ **Hausunterricht** bedeutet, dass die Eltern (oder andere Erwachsene) formalen Unterricht im häuslichen Umfeld abhalten. Dies geschieht aus einer (staats-)schulkritischen Haltung heraus. Die Unterrichtsmethoden und didaktischen Ansätze im Hausunterricht sind ähnlich organisiert wie im Schulunterricht.

▶ Auch **Freilernen** wird aus der Ablehnung von Schule hergeleitet. Freilernende konzipieren Lernen als Privatsache. Das Lernen von Kindern und Jugendlichen wird als informelle Lernbewegung verstanden, wobei besonders individuelle Lernformen genutzt werden. Auf Unterricht im engeren Sinne, also die gezielte Anleitung durch Erwachsene und das Vermitteln ausgewählter Lerninhalte, wird hier bewusst verzichtet (Greenberg und Wilke 2014).

Hausunterricht und Freilernen sind die extremen Pole einer ganzen Bandbreite unterschiedlicher Formen des gezielten Unterrichtens und ungezielten Lernens zu Hause. Die Ansätze Hausunterricht und Freilernen dürften in der Praxis fließend ineinander übergehen und sich dabei in ihrem Grad an Formalität unterscheiden (Abb. 3.1).

Die Entschulung von Schüler_innen beschreibt eine Form von Bildung, bei der Kinder auf Wunsch der Eltern gezielt keine Schule besuchen, sondern zu Hause oder an anderen Orten lernen. In vielen Ländern hat diese Art zu lernen eine lange Tradition. In den USA ist seit den 1980er-Jahren einen starken Anstieg zu Hause beschulter Kinder zu verzeichnen. Dort besteht mit momentan vier Prozent aller Kinder und Jugendlichen der größte Anteil weltweit an zu Hause beschulten Kindern. Auch in vielen europäischen Ländern können Kinder und Jugendliche ohne Schulbesuch aufwachsen, allerdings unter unterschiedlichen Auflagen und Bedingungen. In Deutschland besteht Schulpflicht; Hauslernen und Freilernen sind verboten. Die Zahl der dennoch zu Hause unterrichteten Kinder wird offiziell auf rund 500 geschätzt, vermutlich liegt die Dunkelziffer deutlich höher (vgl. Mohsennia 2004, S. 103–113).

Die schulkritische Haltung, aus der heraus Homeschooling gefordert wird, ist beispielsweise in dem Wunsch begründet, die eigenen Kinder sehr individuell zu fördern und viel Zeit mit ihnen zu verbringen. In entlegenen Regionen ist Homeschooling eine Möglichkeit, Kinder im Familienzusammenhang und nicht im Internat aufwachsen zu lassen. Ein Grund ist aber auch das Vermeiden von als

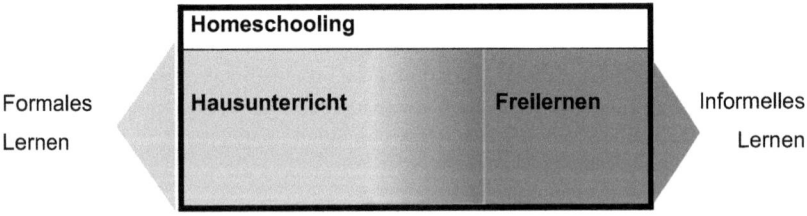

Abb. 3.1 Homeschooling als Oberbegriff von Hausunterricht, Freilernen und Zwischenformen

unerwünscht und unkontrollierbar wahrgenommenen Einflüssen in der Schule; z. B. wenn aus religiösen Motiven Sexualkunde oder die Evolutionstheorie abgelehnt werden. Manchmal sind es auch die Kinder selbst, die aus verschiedenen Gründen nicht mehr in die Schule gehen wollen, beispielsweise aufgrund von Mobbing oder weil sie dem Leistungsdruck nicht standhalten können.

3.1 Hausunterricht – Mischung formaler und informeller Lernformen

Fallbeispiel Hausunterricht

Eine Schweizer Familie berichtet über ihre Form des Homeschooling: Sie begannen mit der mittleren Tochter, die eine schwierige Phase in der Schule hatte. Nachdem das Kind zu Hause aufblühte und die Mutter sich zunehmend sicher in der Lehrerinnenrolle fühlte, nahmen sie auch die ältere Tochter aus der Schule und unterrichteten den jüngsten Sohn von Anfang an auch zu Hause. Dadurch wurde der Unterricht zu Hause für die drei Geschwister vielfältiger. Die Mutter entwickelte Jahresarbeitspläne für die verschiedenen Altersstufen ihrer Kinder auf Basis der Lehrpläne. In der Schweiz wird der Lernstand der zu Hause unterrichteter Kinder drei Mal im Jahr mittels Tests in Deutsch und Mathematik und einem von den Eltern geschriebenen Lernstandsbericht staatlich überprüft.

Der Tagesablauf sieht folgendermaßen aus: Nach dem Frühstück gehen die Kinder in ihre Zimmer, besprechen mit ihrer Mutter die Aufgaben des Tages (die diese teilweise selbst erstellt oder von Hausunterrichtverlagen erworben hat). Wenn die Kinder nicht weiterwissen, fragen sie ihre Mutter. Der Französischunterricht wird ihnen zusammen mit anderen Hausunterrichtskindern von einer Lehrerin erteilt und sie nehmen am Englischunterricht einer befreundeten Hausunterrichtsfamilie teil. Ab dem späteren Nachmittag sind die Kinder gerne unterwegs: Sie treffen sich mit Freund_innen, machen Ausflüge, gehen in den Sportverein und in die Musikschule (vgl. Schulze 2019). ◄

Hausunterricht bzw. der Unterricht durch Hauslehrer_innen ist eine bereits in der Antike beschriebene Form des Unterrichtens, der allerdings denjenigen vorbehalten war, die sich dies leisten konnten. Hausunterricht als Alternative zum Unterricht an öffentlichen Schulen war bis ins 20. Jahrhundert hinein ein Privileg der Wohlhabenden. Als gezielte Abgrenzung zu einer staatlichen Schulpflicht entstehen andere Beweggründe und andere Formen von Hausunterricht, auf die sich die aktuelle Bewegung von Hausunterricht als historischen Bezug beruft. In Deutschland wird dabei insbesondere auf Berthold Otto als Vorläufer Bezug genommen, der Ende des 19. Jahrhunderts seine Form des Hausunterrichts entwickelte, dazu veröffentlichte und schließlich aufgrund der hohen Nachfrage eine Hauslehrerschule gründete. Sein pädagogischer Ansatz orientiert sich an den Interessen und Fähigkeiten der Lernenden. Sein „Gesamtunterricht" basierte auf stark lehrergeleiteten, freien alters- und themenübergreifenden Gesprächen (vgl. Spiegler 2008, S. 143 f.).

Als Argument für Hausunterricht wird häufig angeführt, dass er das Bildungssystem vielfältiger mache und eine staatliche Kontrolle von Hausunterricht möglich (und wünschenswert) sei. Hausunterricht biete die Gelegenheit, gezielter auf die Stärken und Schwächen sowie die Interessen des Kindes einzugehen. Der Unterricht könne dem Lernverhalten und dem Lerntempo der Kinder besser angepasst werden als in der Schule. Hausunterricht ermögliche flexible Lern- und Pausenzeiten und vielfältige Lernmöglichkeiten, die es in Schulen nicht gebe. Die vertraute Umgebung garantiere Sicherheit und zugleich Lernen an der Lebenswirklichkeit mit praktischem Bezug. Hausunterricht fördere kritisches Denken ohne Rivalität und Konkurrenz sowie Selbstständigkeit und Kreativität.

Das Abhalten von Unterricht zu Hause ist alles andere als trivial. Ein kleiner, räumlich und zeitlich abgetrennter Unterrichtskosmos muss kreiert werden. Eltern müssen sich fachlich einarbeiten und sich für eine bestimmte Zeit in Lehrpersonen verwandeln und Kinder in Schüler_innen (vgl. Lois 2013). Bestimmte Materialien wie Bücher, Stifte und Papier sind notwendig. Dies war ansatzweise gerade im Distanzunterricht während der Corona-Schließungen zu erfahren. Obwohl die Schüler_innen zu Hause sind, wird für die formale Unterrichtssituation ein künstlicher Abstand, ein Unterschied zum „zu Hause" hergestellt. Meist gibt es dafür einen separaten Raum, der entsprechend ausgestattet ist, es gibt einen Stundenplan und von den Eltern festgelegte Lernziele, die auch regelmäßig geprüft werden.

Sofern der Hausunterricht in vielen Inhalten dem Unterricht staatlichen Schulen ähnelt, können in manchen Ländern Prüfungen wie die Hochschulreife dann extern abgelegt werden (Murphy 2012).

Für Methodik und Didaktik des Hausunterrichts gibt es verschiedene Varianten, mit entsprechend ausgearbeitetem Unterrichtsmaterial bei einschlägigen Verlagen und auf Internetseiten:

a) Der klassische Ansatz beruft sich auf die Bildungsphilosophie der Griechen und Römer. Darin wird Bildung in Grammatik, Logik und Rhetorik unterteilt. Das „Trivium" stellt allerdings keine didaktische Anleitung dar.
b) In der Lerneinheiten-Methode wird über mehrere Wochen hinweg an einem bestimmten Thema fächerverbindend gelernt.

c) Die Charlotte-Mason-Methode, benannt nach der englischen Lehrerin Charlotte Mason (1843–1923), zeichnet sich durch die Arbeit mit authentischem Material und das ausgiebige Studium der Natur aus.

(vgl. Mohsennia 2004, S. 19 ff.).

Thomas (2002) hat festgestellt, dass unabhängig von den didaktischen Varianten und dem Grad an formalem bzw. informellem Lernen bei der Herstellung von Unterricht zu Hause Schulunterricht nicht 1:1 kopiert wird. Dies liegt daran, dass Unterricht in Einzelbetreuung sehr intensiv sein kann und daher weniger Zeit beansprucht und auch ohne festen Stundenplan auskommen kann. Im Hausunterricht muss weniger Zeit mit Tests und formalen Übungen zur Feststellung eines Lernstandes verbracht werden, weil die Beteiligten sehr genau wissen, wo die Lernenden gerade stehen und was nächste Lernschritte sind. Thomas meint daher eine Tendenz von Hausunterricht hin zu offeneren Elementen bzw. Freilernen feststellen zu können.

3.2 Freilernen – selbstbestimmtes informelles Lernen

Fallbeispiel Freilernen

Ein Vater berichtet in einem Tagebuch über die Freilernerfahrungen seines Sohnes: Der Junge wollte nie Schulbücher und hat nie welche benutzt. Mit sechs Jahren rechnete er die Restaurantrechnung nach, die sein Vater ihm gab. Er bemerkte, dass die Rechnung falsch war. Auf die erstaunte Nachfrage des Vaters erklärte er, das sei eben Addition. Der Vater wusste gar nicht, dass der Junge dieses Wort kannte. Der Junge hat häufig selber eingekauft und Entfernungen berechnet, wenn sie unterwegs waren. Er lernte, was er brauchte und wissen wollte. Rechnen, Lesen, Geografie usw. lernte er dadurch, dass die Familie ihr Leben lebte: Die Familie bereitete den Jungen nicht auf das Leben vor, sie lebten es. Lernen geschah als Nebeneffekt, nicht als Hauptsache. Wenn der Vater seinen Sohn motiviert hätte, sein Spielen zu unterbrechen, um jeden Tag ein paar Rechenaufgaben zu lösen oder eine Seite im Sprachenbuch zu bearbeiten, hätten die Erwachsenen ihn gelehrt, dass sie es besser wussten als er, sie hätten ihm beigebracht, seinen Instinkten nicht zu folgen, seinen Leidenschaften nicht nachzugehen, sondern sich auf jemand anderen zu verlassen, der sagt, was wichtig ist. Der Junge kannte Buchstaben und konnte schreiben, sah aber keine Notwendigkeit dazu. Daher schrieb er fast nichts. Er las lieber, das tat er oft und lange, von klassischen Werken, Sachbüchern (z. B. über Burgen und Könige) bis hin zu moderner Prosa. Seinen ersten längeren Text schrieb der Junge erst mit 12 Jahren, als er von einer längeren Reise nach Großbritannien zurückkehrte. Vorher hatte er nicht das Bedürfnis und auch keinen Anlass zu schreiben (vgl. Shosie 2003). ◄

Auch für das Freilernen werden ähnliche schulkritische Motive angeführt wie für den Hausunterricht: Schulen seien verantwortlich für emotionale, intellektuelle und körperliche Schäden von Kindern. Schulen würden Kinder unter- oder überfordern und nicht die gewünschten individuellen Hilfestellungen für Kinder geben, die diese für ihr Lernen benötigen. Eltern von Freilernenden gehen zudem über die Motive für Hausunterricht hinaus und nennen als Begründung für ihre Entscheidung, ihre Kinder als Freilernende aufwachsen zu lassen, bildungsphilosophische oder antipädagogische Gründe, also beispielsweise die grundsätzliche Ablehnung von erwachsener Einflussnahme. Freilernen wird von seinen Verfechter_innen auch als „natürliches Lernen" bezeichnet, denn jedes Kind wolle von sich aus lernen und man müsse ihm ermöglichen seinen Lernbedürfnissen zu folgen, mit denen es sich die gewünschten Fertigkeiten und das (Welt-)Wissen seiner Entwicklung entsprechend aneignen könne.

An dieser Stelle sei darauf hingewiesen, dass die Bezeichnung einer bestimmten Lernform mit den Begriffen „Freilernen" und „natürliches Lernen" als Teil *ideologisch gefärbter Legitimationsversuche* zu verstehen ist. Eine bestimmte Gruppe von Menschen versucht so, ihrem spezifischen Verständnis von Lernen und der damit verbundenen Weltanschauung mehr Gehör oder mehr Gewicht zu verschaffen. Die Wortwahl „natürliches Lernen" suggeriert, dass es Lernen unabhängig von einer sozial und kulturell geprägten Welt überhaupt gebe und dass dies positiv sei im Gegensatz zu einem „unnatürlichen Lernen", und lässt antimoderne Strömungen anklingen. Wichtig ist, sich solchermaßen gefärbter Begriffsverwendungen bewusst zu sein. In diesem Buch wird der Begriff Freilernen als Fachterminus verwendet. Er ist selbstverständlich nicht neutral und versucht ähnlich wie beispielsweise in der reformpädagogischen Rhetorik durch den nicht weiter bestimmten Bezug zu Freiheit und Natürlichkeit positive Assoziationen und breite Identifikationsmöglichkeiten zu bieten (vgl. Bennewitz und Hecht 2018).

> **Wissensbaustein: Erfahrungsberichte zur Entschulung als Textgattung**
> Es gibt zahlreiche Dokumentationen, Erfahrungsberichte, Ratgeber, Konzeptbeschreibungen und teilweise stark ideologisch gefärbte Legitimations- und Überzeugungsversuche zu allen drei Formen der Entschulung. Einige sind

sehr interessant zu lesen, manche gelten bereits als Klassiker pädagogischer Literatur, andere verdeutlichen eher ein Begründungs- und Rechtfertigungsbedürfnis. Empirische Untersuchungen im wissenschaftlichen Sinn stellen sie nicht – oder nur ansatzweise – dar (siehe Kap. 5). Aber sie können Ergebnisse von teilnehmenden Beobachtungen, von Interviews, Fragebögen oder Gesprächen enthalten. Entschulung ist offensichtlich etwas, das zum Beschreiben, Berichten, Erzählen auffordert, ob in Textform oder als Film, und das damit auf Verallgemeinerung verzichtet, bzw. zur eigenen Urteilsbildung und eigenen Versuchen auffordert. Folgende kleine Sammlung stellt exemplarisch eine Reihe solcher Texte, Webseiten und Filme vor:

- *Kinderheim Baumgarten:* Bericht von Siegfried Bernfeld über ein Kinderheim für jüdische Kriegswaisen in Wien 1921, in dem „sozialistische Gemeinschaftserziehung" entwickelt und erprobt wurde (Bernfeld 1974).
- *Die Maxim-Gorki-Kolonie:* Bericht von Anton Semjonowitsch Makarenko über die Gründung und den Aufbau der teilweise selbstverwalteten Maxim-Gorki-Kolonie für verwahrloste Jugendliche in Russland (Makarenko 1961).
- *Gemeinschaftserziehung durch Erziehergemeinschaften:* Bericht von Paul Lazarsfeld und Ludwig Wagner über eine Sommerkolonie der Kinderfreundebewegung Wien im Jahre 1924, in der ältere Jugendliche Anleiter/Erzieher für jüngere Kinder werden (Lazarsfeld, P. F., & Wagner, L. 1924).
- *„Geschichte eines glücklichen Kindes":* André Stern berichtet von seinem Aufwachsen ohne Schule als Freilerner in Frankreich (Stern 2013).

Filme:

- Schulfrei: Der Film von Anne Sono portraitiert drei deutsche Freilerner-Familien (2010).
- Captain Fantastic: Der (Spiel)Film von Matt Ross (2016) erzählt die Geschichte eines Vaters, der seine beiden Kinder alleine in der Wildnis aufwachsen lässt, und ihre Begegnungen mit der Außenwelt. (2016).
- Being und Becoming: Der Film von Clara Bellar portraitiert Freilerner-Familien in USA, Frankreich, Großbritannien und Deutschland, u. a. Arno, Michèle und André Stern (2012).

- Berlin Rebel High School: Der Film von Alexander Kleider dokumentiert den sehr selbstbestimmten Weg von 3 Schüler_innen auf dem Weg zum Abitur in der Schule für Erwachsenenbildung in Berlin (2016).

Links:

- *Colearning Wien Lernzentrum für häuslichen Unterricht:* Homepage über eine Schule ohne Lehrer, Noten und Klassenzimmer (http://brennstoff.com/experimente-des-wandels/markhof-das-lernende-dorf-in-der-stadt/)
- *Verein Bildung zu Hause:* Homepage für Homeschooling als „Privatschule des kleinen Mannes" www.bildungzuhause.ch

Weitere Erfahrungsberichte in der Literatur:

Borgers, C.; Busse, E. (2009). *Erfahrungen von Schülerinnen und Schülern, Eltern und einem teilnehmenden Lehrer mit den außerschulischen Herausforderungen an der Gesamtschule Winterhude.* (unveröffentlichte Staatsexamensarbeit. Universität Hamburg).

Borgers, C.; Busse, E. (2011). *Pubertät — eine Schule bietet Herausforderungen an. Sich in drei Wochen außerhalb von Schule und Elternhaus bewähren.* In: Pädagogik (63), H. 6, S. 16–19.

Butt, H. (2014). *Vom exotischen Highlight zum Normalfall. Erfahrungen mit dem Schulkonzept Herausforderungen.* Pädagogik 66 (7-8), S. 8–11.

Dennison, G. (1971). *Lernen und Freiheit. Aus der Praxis der First Street School.* Frankfurt/Main.

Fratton, P. (2014). *Lass mir die Welt, verschule sie nicht! Warum Leben und Lernen unzertrennlich sind.* Weinheim, Basel: Beltz.

Greenberg, D. & Wilke, M. (2014). *Endlich frei!: Leben und Lernen an der Sudbury-Valley-Schule* (3. Aufl.). Freiamt im Schwarzwald: Arbor.

Grube, T., & Lansch, E.-S. (2004). *Rhythm is it!: You can change your live in a dance class.* Berlin: Boomtwon Media.

Hecht, M., & Hartmann, U. (2014). *8 Wochen in Jahrgang 8. Das Entschulungsprojekt >>Schlaraffenland<<.* Pädagogik, 66 (7–8), S. 12–15.

Holt, J., & Farenga, P. (2003). *Teach your own. The John Holt Book of homeschooling. 1. print.* Cambridge, Mass.: Perseus Publ.

Kegler, U. (2014). *Wo sie wirklich lernen wollen. 7 Jahre Jugendschule Schlänitzsee.* Weinheim.

Keller, O. (1999). *Denn mein Leben ist Lernen. Wie Kinder aus eigenem Antrieb die Welt erforschen. 1. Aufl.* Freiamt im Schwarzwald: Mit-Kindern-Wachsen-Verl.

Koerrenz, R. (Hrsg.). (2015). *Globale Bildung auf Reisen. Das Bildungsjahr an der Hermann-Lietz-Schule Schloss Bieberstein.* Paderborn: Ferdinand Schöningh.

Mohsennia, S. (2004). *Schulfrei. Lernen ohne Grenzen.* Königslutter: Anahita.

Rasfeld, M. (2004). *Nur wenn wir ihnen etwas zutrauen: „Projekt Verantwortung" – ein Konzept für die ganze Schule in Essen Holsterhausen.* In A. Sliwka & P. Christian (Eds.), *Durch Verantwortung lernen* (S. 102–109). Weinheim [u. a.]: Beltz.

Schirrmacher, T. (2006). *Bildungspflicht statt Schulzwang! 42 Thesen.* In: R. Fischer, V. Ladentin (2006). *Homeschooling. Tradition und Perspektive.* Würzburg: ERGON Verlag. S. 199-284

Schulze, S. (2019): *Homeschooling: Wie Kinder zu Hause lernen.* (https://www.familienleben.ch/kind/schule-ausbildung/homeschooling-in-der-schweiz-eine-familie-berichtet-2988. Zugegriffen: 25. Januar 2019.

Shosie, L. (2003). *Smarting us up: the un-dumbing of America. Homeschooling How and Why.* Wild Rose Press.

Stern, A. (2006): Schluss mit Schule! Bundesverband natürlich lernen: http://bvnl.de/wordpress/natuerliches-lernen/

Stern, A. (2013): *Und ich war nie in der Schule: Geschichte eines glücklichen Kindes,* Lizenzausgabe: Herder, Freiburg im Breisgau: Herder

Zárate, A.; Tressel, J.; Ehrenschneider, L. (2014). *Wie wir Schule machen. Lernen, wie es uns gefällt.* München: Knaus.

Zingg, M. & Arnet, H. (2017). *Homeschooling – Der andere Weg zur Bildung.* Dokumentation in 3Sat. Schweiz: SFR DOK

Ein bedeutender Vertreter des Freilernens ist John Holt (1923–1985). Der amerikanische Pädagoge hat den Begriff „unschooling" (dt.: Freilernen) maßgeblich geprägt. Der Begriff „unschooling" klingt wesentlich schulkritischer als der deutsche Begriff des Freilernens und lässt eine Nähe zu Illichs Entschulung der Gesellschaft – englisch „deschooling society" (vgl. Kap. 2) erkennen. Auf Holt wird häufig Bezug genommen, interessanterweise von Anhängern des Hausunterrichts und des Freilernens gleichermaßen, obwohl sich Hausunterricht und Freilernen in einigen ihrer Ausprägungen sehr deutlich voneinander unterscheiden. Ein wesentlicher Grund für seine Popularität liegt wohl in der Anschaulichkeit der Beispiele, die oft aus Leserbriefen stammen. Darin wird behauptet, dass Freilernen einfach und unkompliziert sei. Zudem hebt er immer wieder die außerordentlichen Fähigkeiten der Kinder und die Chancen des informellen Lernens hervor. Holt geht davon aus, dass Kinder von sich heraus Interessen entwickeln und diesen mit besonderem Eifer nachgehen, wenn man sie nur gewähren ließe. Er setzt ausschließlich auf Neugier der Kinder, die die Kinder dazu antreibe sich ihr Lernen selbst zu organisieren. Lerninitiativen sollten immer vom Kind ausgehen und niemals von Eltern vorgegeben werden. Das Kind entscheidet über Lernort, Lernzeit, Lerngegenstand und Lernstil. Im Gegensatz zum Hausunterricht, bei dem Eltern die Funktion von Lehrer_innen übernehmen, konzipiert Holt die Rolle der Erwachsenen beim Freilernen als Mentor_innen, die die Kinder beim Lernen unterstützen. Immer wenn sich ein spezielles Interesse der Kinder zeige, solle dies von den Eltern verstärkt und gefördert werden. Diese Form des Freilernens hat Ähnlichkeiten mit Illichs Darstellung einer entschulten Gesellschaft – wenn auch ins Private verlagert (vgl. Holt und Farenga 2003).

3.3 Hausunterricht und Freilernen – Diskussion und Kritik

Dieses Teilkapitel zur Diskussion von und Kritik an Homeschooling (Hausunterricht und Freilernen) greift zunächst die erziehungswissenschaftliche Debatte zur Schulpflicht auf. Danach werden die Hauptargumente der Verfechter_innen von Homeschooling im Allgemeinen diskutiert. Am Ende befindet sich noch ein kritischer Hinweis, der sich nur auf das Freilernen bezieht.

3.3.1 Positionen zur Schulpflicht

Über Sinn oder Unsinn der Schulpflicht gibt es in den Erziehungswissenschaften eine teils leidenschaftlich geführte Debatte. Im Folgenden sollen exemplarisch drei Positionen hierzu vorgestellt werden.

Dieser Abschnitt zur Schulpflicht basiert, soweit nicht anders angegeben, auf Texten von Beckermann et al. (2006), Gruschka (2003), Hecht (2009), Hentig (1971), Müller (1991), Oevermann (1996, 2003, 2004) und Tenorth (2014).

Der Soziologe *Ulrich Oevermann* fordert, die gesetzliche Schulpflicht abzuschaffen. Er führt im Wesentlichen zwei Gründe an:

3.3 Hausunterricht und Freilernen – Diskussion und Kritik

Erstens sei die historische Funktion der Schulpflicht entfallen. Es gäbe heute keine Kinderarbeit mehr. Und die Notwendigkeit des Besuchs einer Schule sei für alle so offensichtlich, dass die Verpflichtung dazu aufgehoben werden könne. „Die gegenwärtige Gesellschaft ist in allen Lebensbezügen und Funktionsbereichen so sehr auf Wissen und Kulturtechniken, auf Schriftlichkeit, auf Sachkunde und auf Logizität und Rechenhaftigkeit abgestellt, dass jedem normalen Erwachsenen, gleichgültig in welchen schichtenspezifischen oder regionalen Subkulturen, und auch jedem Kind schon ab Beginn des Schulalters wie selbstverständlich klar ist, dass man ein Leben in dieser Gesellschaft nicht bestehen kann, ohne mindestens zehn Jahre lang die Schule besucht zu haben." (Oevermann 2003, S. 67). Mit der Abschaffung der Schulpflicht entfielen deren negative Nebenwirkungen: Die Schulpflicht mache Schule zur Anstalt. Die Schulpflicht richte sich nicht mehr gegen Eltern, die ihren Kindern die Teilnahme am Unterricht verweigern, sondern gegen die Schüler_innen. Diesen werde letztlich unterstellt, lernunwillige Monster zu sein und das führe dazu, dass sie dies auch würden. Schulpflicht wirke sich auf die didaktischen Prinzipien der Schule aus: Nicht Hilfe zur Selbstbildung sondern das Eintrichtern staatlich verordneter Lehrplaninhalte werde zur Kernaufgabe der Schule. Anstatt der individuellen Förderung und Bildung zu dienen, übe Schule vielmehr eine Selektionsfunktion aus und sichere die Stabilität in der Gesellschaft und auf dem zukünftigen Arbeitsmarkt. Schule sei als pädagogischer Ort für die individuelle Entwicklung nicht geeignet, weil Schulpflicht die Bereitschaft zum Lernen verhindere und in den Lernenden den Wunsch wecke, sich dem Leistungs- und Anforderungsdruck zu entziehen. Dies widerspricht Oevermanns Idealvorstellung einer Didaktik der Mäeutik, die von der Neugier der Kinder ausgehend durch sokratische Nachfragen Themenbereiche erschließt. Neugierde ist ein zentrales Element in Oevermanns professionstheoretischen Überlegungen zum Lehrerberuf, die im folgenden zweiten Argument dargestellt werden.

Zweitens schlussfolgert Oevermann aus seiner soziologischen Professionstheorie die Notwendigkeit der Abschaffung der Schulpflicht, da sie Neugierde systematisch verhindere. Um Oevermanns Position zu verstehen bedürfte es einer vertiefenden Auseinandersetzung mit Professionstheorien und der Professionalisierung pädagogischen Handelns. Das würde hier zu weit führen. Sehr vereinfacht ausgedrückt, stellt sich seine Argumentation wie folgt dar:

Er untersucht, ob pädagogisches Handeln professionelles Handeln sein kann. Professionen sind immer dann nötig, wenn Krisen der Autonomie der Lebenspraxis oder Krisen der Autonomie der Gesellschaft bearbeitet werden. Dabei kommt es zu stellvertretenden Krisenbewältigungen durch Expert_innen. (Klassische Beispiele: Ärzt_innen, Apotheker_innen, Theolog_innen und Jurist_innen). In pädagogischen Situationen ist sowohl die Autonomie der Lebenspraxis als auch die

Autonomie der Gesellschaft betroffen. Pädagogische Situationen sind damit auf jeden Fall professionalisierungsbedürftig. Das bedeutet auch, dass pädagogisches Handeln nicht reine Wissens- und Normenvermittlung sein kann, sondern immer eine Mischung aus diffusem und rollenförmigem Handeln darstellt. Pädagogisches Handeln bedarf einer nicht standardisierbaren und nicht technisierbaren Beziehungspraxis, die über eine Wissensanwendung hinaus reicht und nicht durch ein festes Methodenrepertoire abdeckbar ist. Typisch für die Struktur pädagogischer Situationen sind Entscheidungskrisen und ein Handeln im Ungewissen.

Die Grundproblematik pädagogischer Situationen ist eine Paradoxie des Helfens: Wie kann eine noch nicht entwickelte oder beschädigte Autonomie mit fremder Hilfe (wieder)hergestellt werden? Es ergibt sich hierbei immer das Problem, dass die Autonomie durch den „Eingriff" von außen verletzt wird und Selbsttätigkeit verhindert wird. Die Autonomie gerät durch die pädagogische Maßnahme in Gefahr. Der pädagogische Eingriff macht möglicherweise nicht selbstständig, sondern abhängig. Oevermann entwickelt ein Strukturmodell pädagogischen Handelns, das er an ein therapeutisches Modell anlehnt. Darin spielt das pädagogische Arbeitsbündnis eine zentrale Rolle. Es muss in einer Mischung aus rollenförmigem Handeln und diffuser Sozialbeziehung hergestellt werden, um Autonomie zu gewährleisten und zugleich zu bearbeiten. Leidensdruck ist die Voraussetzung für ein Arbeitsbündnis: Ein Patient mit einem gebrochenen Arm geht deswegen zur Ärztin, Patient_innen mit psychischen Problemen gehen ein Arbeitsbündnis mit Therapeut_innen ein. Das Arbeitsbündnis wird also freiwillig eingegangen. Die Autonomie der Patient_innen wird dadurch insofern geschützt, als die Behandlung spätestens dann beendet wird, wenn der Leidensdruck nicht mehr besteht. In pädagogischen Situationen sieht Oevermann als Äquivalent zum Leidensdruck die Neugier der Lernenden. Das pädagogische Arbeitsbündnis dient zum Schutz der kindlichen Neugier vor Übergriffen durch die Lehrer_innen. Ob die grundsätzlich professionalisierungsbedürftige Struktur pädagogischen Handelns professionalisierbar ist, hängt für Oevermann davon ab, ob das Arbeitsbündnis auf Freiwilligkeit und Neugier basiert. Wenn dies nicht der Fall ist, bezeichnet er es als entprofessionalisiertes Handeln. Schulpädagogisches Handeln hält Oevermann für faktisch nicht professionalisiert. Daher fordert Oevermann die Abschaffung der staatlichen Schulpflicht auch aus einer professionstheoretischen Perspektive. Staatlicher Zwang verhindere Neugier, wobei er den Druck von Elternseite, die eigenen Kinder zum Lernen aufzufordern für unproblematisch erachtet.

Oevermanns These, Schulpflicht verhindere Neugierde und damit eine zentrale Bedingung für pädagogische Arbeitsbündnisse, die wiederum zentral sind für professionelles pädagogisches Handeln, fordert zur Diskussion heraus. Zwei Punkte

3.3 Hausunterricht und Freilernen – Diskussion und Kritik

seien hier exemplarisch hervorgehoben, bevor im nächsten Absatz mit Gruschka ein Kritiker Oevermanns mit seinem eigenen Ansatz zu Wort kommen soll.

(1) Zwang bleibt Zwang: Oevermann betont die Freiwilligkeit als notwendige Bedingung in pädagogischen Situationen und stellt sich gegen die Schulpflicht als staatlichen Zwang. Zugleich führt er Zwang als eine Komponente neben der Neugierde wieder ein, indem er elterlichen Zwang als legitim ansieht. Die Antwort auf die Frage, warum staatlicher Zwang zum Schulbesuch ein pädagogisches Arbeitsbündnis gefährdet, elterlicher Zwang aber nicht, bleibt er schuldig. In der konkreten pädagogischen Situation ist die Autonomie der Lernenden in beiden Fällen bedroht. Oevermann geht sogar noch weiter. Er erklärt, Schulschwänzen sei in der heutigen Zeit pathologisch. Wer nicht einsehe, dass man freiwillig zur Schule zu gehen habe, sei krank und therapeutisch zu behandeln. Hier verlässt er nun völlig sein eigenes Ideal der Freiwilligkeit. Stattdessen setzt er auf Selbstzwang unter Androhung von Zwangstherapie bei Uneinsichtigkeit.

(2) Neugier allein genügt nicht: Mit seiner Betonung der Neugier zeichnet Oevermann ein überidealisiertes, einseitiges Bild vom guten, lernwilligen, neugierigen Kind, wie es auch in verschiedenen reformpädagogischen Ausrichtungen zu finden ist. Dass Kinder auch neugierig, wissensdurstig, lernhungrig sind, soll nicht bestritten werden und auch nicht, dass diese Tatsache in Schule mehr Berücksichtigung finden sollte. Kinder und Jugendliche sind jedoch zugleich auch manchmal gelangweilt, undiszipliniert, aggressiv oder destruktiv. Es kommt in pädagogischen Situationen notwendig und unvermeidbar zu Konflikten und Zumutungen. Oevermanns Vorstellung, ohne Schulpflicht würden Peergroups keine Gegenkultur zu Lehrer_innen bilden, sondern sie würden zu freiwilligen, unterstützenden Partnern im Lernprozess, scheint mehr einer Sehnsucht nach Einheit von Lehren und Lernen denn konkreten Analysen zu entspringen. Man könnte Oevermann also entgegnen: Gerade weil für gelingendes pädagogisches Handeln die freiwillige Selbsttätigkeit der Kinder und Jugendlichen zwingend erforderlich ist, gleichzeitig aber Pädagogik sich nicht damit zufrieden geben kann, wenn diese ausbleibt, ist pädagogisches Handeln professionalisierungsbedürftig.

Der Erziehungswissenschaftler *Andreas Gruschka* diskutiert Oevermanns Vorschlag zur Abschaffung der Schulpflicht vor dem Hintergrund der Frage, warum Schulpädagog_innen und Erziehungswissenschaften auffällig selten die Kritik am Schulzwang teilen. Dabei vertrete Oevermann, so Gruschka, keine antipädagogischen Positionen oder fordere eine Entschulung der Gesellschaft. Er verteidige

Schule gar als strukturtheoretische Notwendigkeit. Eine erste Erklärung könnte sein, dass die Abschaffung der Schulpflicht einen solchen Tabubruch darstellt, dass sich dieser Forderung niemand so recht anzuschließen vermag. Gruschka warnt jedoch davor, Oevermann als Tabubrecher zu feiern und seinem Ansatz daher vorschnell folgen zu wollen. Vielmehr berge Oevermanns Argumentation Mängel, die seine Position nicht überzeugend wirken lassen. Oevermanns Analysen zur Struktur pädagogischen Handelns riefen wenig Widerspruch hervor, stimmten sie doch mit (geisteswissenschaftlichen) pädagogischen Theorien des pädagogischen Bezugs weitestgehend überein. Seinen schulkritischen Analysen könnten ebenso viele zustimmen. Dass am Ungenügen der Schule ausschließlich die Schulpflicht schuld sein soll, überzeugt Gruschka jedoch nicht. Dafür seien die Ursachen der Probleme in Schule zu vielfältig. Gruschka weist darauf hin, dass es pädagogische Arbeitsbündnisse trotz Schulpflicht geben kann und dass es Lehrer_innen geben wird, die auch in einer Schule ohne Schulpflicht nicht in der Lage sind Arbeitsbündnisse herzustellen. Für ihn ist fraglich, ob Oevermanns Therapie-Analogie überhaupt passend ist, schließlich gehe es in Schule nicht um Arbeitsbündnisse zwischen zwei Personen nach dem Hauslehrerprinzip, es gehe vielmehr um die Frage, ob Arbeitsbündnisse auch in einer Massenschule überhaupt möglich sind. Gruschka argumentiert, dass nicht nur die Schulpflicht Lehrer_innen daran hindert, professionell zu agieren. Er nennt auf der einen Seite individuelle Gründe bei den Lehrpersonen (z. B. ein fehlendes Verhältnis zu den Lehrinhalten, die Unfähigkeit ein sympathisches Verhältnis mit Schüler_innen aufzubauen oder schlicht pädagogische Unfähigkeit trotz bester Absichten). Um diesen Aspekten zu begegnen müsste Oevermann eigentlich eine radikale Berufszulassungsbeschränkung und Qualitätssicherungsmaßnahmen für Lehrer_innen fordern. Gruschka verweist auf der anderen Seite auf viele andere Strukturmerkmale der Institution Schule, die professionalisiertes Handeln verhindern. Er wundert sich, dass der Strukturtheoretiker Oevermann diese nicht in seine Überlegungen mit einbezieht und nennt als Beispiel den „selbstimmunisierten Unterrichtsbeamten" der eine Abschaffung der Schulpflicht nicht fordern will, weil er dadurch seine wirtschaftliche und soziale Stellung gefährden würde. Insofern ist im Widerstand gegen Oevermanns Theorie auch Abwehr eines Berufsstandes zu erkennen. Oevermanns trügerische pädagogische Hoffnung, dass durch die Abschaffung der Schulpflicht das hohe Ideal pädagogischen Handelns zur Praxis würde, teilt Gruschka nicht. Er vermutet, dass Oevermanns angeblich wertfreie Schlussfolgerung aus seinen Analysen, nämlich die Abschaffung der Schulpflicht, eher ein versteckter Ausgangspunkt war. Ungeklärt bliebe damit, warum die Ursachen für die Professionalisierungsbedürftigkeit pädagogischen Handelns schon so lange nicht angegangen werden.

3.3 Hausunterricht und Freilernen – Diskussion und Kritik

Der Erziehungswissenschaftler *Hartmut von Hentig* ist der Meinung, dass aus zwei Gründen Schulpflicht heute noch notwendig sei: Zum einen lebten wir in einer demokratischen und freien Gesellschaft, und das setze voraus, dass jedes Mitglied ein Mindestmaß an Kenntnissen und gesellschaftlichen Einstellungen vorweisen könne. Offen lässt Hentig zunächst, warum dies eine Unterrichtspflicht im Gegensatz zu einer Schulpflicht nicht zu leisten vermag. Zum anderen solle die Schule für einen ausgeglichenen Start sorgen und die unterschiedlich verteilten Chancen in einer Gesellschaft zumindest in den ersten Jahren kompensieren. Hentig merkt jedoch an, dass der soziale Ausgleich in der Realität nicht, wie bei der Einführung der Pflicht erwartet, durch die Schule erfolge. Dieses Ideal sei seither nur das Ziel und die Hoffnung auf eine gemeinsame Bildung und Integration aller geblieben.

Schulpflicht betrifft nach Hentig nicht nur das Verhältnis von Staat zu Eltern oder den Kindern und Jugendlichen. Sie hat Auswirkungen auf die Gestaltung von pädagogischen Lernverhältnissen und -inhalten. Und sie hat institutionelle Auswirkungen auf viele strukturelle Eigenschaften von Schule. Sie legitimiere die Schule dazu, das Monopol auf Bildung und Lernen zu besitzen und in Anspruch zu nehmen. Mit der Schulpflicht würden einheitliche Standards für die Bildung gesetzt. Diese beträfen: das Alter des Kindes bei Schuleintritt sowie die Dauer des Schulbesuchs, die im Curriculum verankerten Lehr- und Lerninhalte und die Reihen- bzw. Rangfolge von Schularten. (Wobei angemerkt werden muss, dass auch dies alles im Rahmen einer Unterrichtspflicht ohne Schulpflicht möglich wäre). Auch die Qualifikation von Lehrkräften werde durch die Schulpflicht bedingt, da die Einstellung von Berufsanwärtern an staatlichen Schulen festgelegten Kriterien unterliege. Durch diese Standardisierung glichen sich die Schulen immer mehr.

Die Schulpflicht ist eng mit einer sozial- und ordnungspolitischen Funktion von Schule verknüpft. So weist Hentig darauf hin, dass Lernende ökonomisch zunächst unbrauchbar und hinderlich, ja sogar störend sind. Über die Schulpflicht werden Schulen zu Bewahrungsanstalten. Oft dienen sie eher dem Schutz der Erwachsenen, einer bestehenden Ordnung oder einer gewissen Machtkonstellation als dem Schutz der Kinder (siehe Abschn. 1.3).

Kritik übt Hentig auch in Bezug auf das Paradox eines Systems, welches einen autonomen Menschen erziehen möchte, ihn jedoch dafür seinem Zwang unterwirft. Dies widerspreche den eigentlichen Absichten einer Erziehung, in der der Mensch auf individuelle Weise lernt, mit Schwierigkeiten umzugehen.

Zusammenfassend bezeichnet Hentig die Pflichtschule als ein System der Scheinemanzipation, das Kinder dazu bringt, etwas zu wollen, ohne ihre individuellen Bedürfnisse und Interessen zu kennen. Schule, oder die durch die Pflichtschule geprägte Gesellschaft, vermögen nicht zu entscheiden, was Kinder interessiere oder was sie bräuchten. Dies habe zur Folge, dass die eigentliche Bildung erst nach dem verpflichtenden Schulbesuch beginne.

Trotz dieser teilweise massiven Kritik hält Hentig an der Schulpflicht fest. Was der Abschaffung der Schulpflicht neben den eingangs erwähnten Argumenten entgegen stehe, sei die Schutzfunktion der Institution Schule. Bevor man Kinder der Öffentlichkeit oder anderen privaten Instanzen anvertrauen könne, müssten die Gesellschaft, die Öffentlichkeit und Privatpersonen noch viel lernen. Gleichwohl bedürfe es auch der Kontrolle der öffentlichen Schulen, da auch diese vor Grausamkeiten gegenüber Schüler_innen nicht gefeit seien.

3.3.2 Homeschooling und Bildungsgerechtigkeit

Homeschooling wird gerade in der deutschen Diskussion um die Schulpflicht oft als Lösung für pädagogische Fragen und Probleme im Schulsystem angeführt. Dabei wird jedoch nicht klar genug unterschieden zwischen individuellen Lösungen für einzelne Familien und Kinder (die natürlich durch Homeschooling Bildungserfolge erzielen können) und der Frage über die Ausgestaltung eines (möglichst gerechten) gesamten Bildungssystems einer Gesellschaft.

Die Eltern, die Homeschooling fordern, wollen Bildungsgerechtigkeit für ihre Kinder: Diese sollten das Recht haben, im ihnen entsprechenden Tempo und in vertrauter Umgebung lernen zu können, gemäß der von den Eltern z. B. aus religiösen, weltanschaulichen oder politischen Gründen ausgewählten Inhalte.

Niemand wird bezweifeln, dass man gute Beispiele dafür finden kann, wie Kinder im Homeschooling zu gebildeten, gesellschaftsfähigen, selbstständigen Erwachsenen heranwuchsen. Und immer wieder wird man negative Beispiele finden, wo genau dies in der staatlichen Schule nicht gelang, obwohl es erklärtes Ziel und Auftrag von Schule ist. Schulkritisch könnte man argumentieren, dass solche misslingenden, Kinder schädigenden Bildungslaufbahnen keine unglücklichen Zufälle sind, sondern systematische „Nebenwirkungen" (die für die Betroffenen natürlich keineswegs nur „Nebensache" sind).

Damit ist man zurück bei der im ersten Kapitel gestellten Frage nach der Reform oder Abschaffung von Schule. Keineswegs lässt sich daraus jedoch ableiten, dass Homeschooling das Problem misslingender Bildungsbiografien an Schulen grundsätzlich lösen würde: Das Recht *jeden* Kindes auf Bildung kann nur durch eine staatlich organisierte Schule für alle Kinder sicher gewährleistet werden.

Nun fordern die Vertreter_innen von Homeschooling in Deutschland auch keine Entschulung der Gesellschaft für alle Kinder in Illichs Sinne. Sie fordern das Recht wählen zu dürfen, ob man seine Kinder auf eine Schule schickt oder sie selber unter-

3.3 Hausunterricht und Freilernen – Diskussion und Kritik

richten möchte. Sie argumentieren, dass dies unter staatlicher Aufsicht geschehen könne und dass in den vielen Ländern, in denen Homeschooling erlaubt sei, eine Spaltung des Gemeinwesens nicht feststellbar sei. Zudem sei die gesellschaftliche Integrationsfunktion von Schule ohnehin fraglich (vgl. z. B. Schirrmacher 2006). Ob sich in Ländern wie den USA oder England nicht sehr deutlich eine Segregation der Gesellschaft gerade auch entlang von Bildungseliten feststellen ließe, sei einmal dahingestellt, auch ob Homeschooling dazu beiträgt oder nicht. Ob die Schule ihrer gesellschaftlichen Integrationsfunktion tatsächlich nicht nachkommt oder ob ihr Vorgehen nur verbesserungswürdig ist, soll ebenso unberücksichtigt bleiben. Wenn man das gesellschaftliche Ziel einer möglichst gerechten, wenig segregierten Gesellschaft nicht aufgeben möchte, dann müsste die Frage doch lauten, wie Schule dieser Aufgabe besser nachkommen kann, bzw. wie Homeschooling dazu beitragen kann. Allein das Argument, Schule komme ihrer Integrationsfunktion nicht genügend nach und verursache teilweise misslingende Bildungsbiografien, bedeutet ja nicht, dass man deswegen gleich Homeschooling generell erlauben müsste, zumal Homeschooling eine Bildungsform ist, die wegen den finanziellen Aufwendungen, dem Zeitbedarf und dem notwendigen Bildungsstand der Eltern in der Regel nur einer bestimmten gebildeteren und finanziell abgesicherten Bevölkerungsgruppe zugänglich ist; dies ist deutlich am Fallbeispiel zum Hausunterricht ablesbar (siehe Fallbeispiel in Abschn. 3.2). Homeschooling verringert gerade das Problem der Bildungsbenachteiligung bestimmter sozio-ökonomischer Gruppen nicht.

Allerdings kann man darauf verweisen, dass (staatlich genehmigte) Privatschulen ebenfalls eine Elitebildung fördern. Dieser Vorwurf dürfte dann Homeschooling gegenüber auch nicht angeführt werden und Homeschooling müsste wie Privatschulen als Alternative zum staatlichen Schulsystem anerkannt werden. Dem ist zuzustimmen, wenn man nur den Aspekt der gesellschaftlichen Integrationsfunktion von Schule betrachtet. Einen Beitrag zur systematischen Verbesserung eines kompensatorischen (also Chancenungleichheit ausgleichenden) Bildungssystems einer gesamten Gesellschaft jedoch würde Homeschooling, wie auch Privatschulen, nicht leisten.

Genauso wie sich misslingende Bildungsbiografien an Schulen zeigen, lassen sich auch Beispiele misslingender Bildung von Homeschooling finden (wobei in der Literatur oder in Filmdokumenten von Seiten der Befürworter_innen hierzu naturgemäß wenig geschildert wird). Homeschooling ist eben auch kein Garant für gelingende Bildung für alle Kinder. Davon unberührt bleibt die Tatsache, dass Homeschooling auf einer individuellen Ebene eine zielführende Bildungsform sein kann (nicht nur) für Kinder, die an verschiedenen staatlichen Schulformen nicht zurechtkommen. Einige der oft genannten Probleme sowie unreflektierte pädagogische Einflüsse werden im Folgenden kritisch diskutiert.

3.3.3 Homeschooling als Schutz vor Mobbing?

Oben wurden bereits verschiedene Motivationen für Homeschooling genannt. Eine davon ist der Schutz von Kindern, die Mobbing erfahren. Einige Eltern praktizieren Homeschooling, um ihr Kind vor psychischen und physischen Attacken zu schützen. Aber auch bei dieser Argumentation wird eine individuelle Ebene mit einer Schulsystemebene vermischt.

Niemand wird bezweifeln, dass es (zu viele) Fälle von Mobbing an Schulen gibt, und leider dürfte es auch Fälle geben, in denen die Lehrpersonen darauf nicht angemessen und systematisch reagieren. Auf einer individuellen Ebene ist es nachvollziehbar, dass alles getan werden muss um Opfer zu schützen und Täter_innen zurechtzuweisen. Dass es für Opfer ein erlösender Ausweg sein kann, nicht mehr in eine solche soziale Situation zurückkehren zu müssen, ist individuell auch nachvollziehbar. Im geschützten Rahmen zu Hause verbessert sich die Situation der Betroffenen oft sehr schnell. Auf der individuellen Eben des Opfers scheint das Problem zumindest kurzfristig dadurch gelöst. Das soll den Betroffenen auch nicht zum Vorwurf gemacht werden. Die Täter_innen werden damit jedoch nicht gestoppt. Auch hier könnte man schulkritisch anmerken, dass Mobbing zwar auch außerhalb von Schule auftritt, aber gerade in Schule durch ihre Struktur systematisch erzeugt wird. Der Rückzug ins Private des Homeschooling erscheint auf den ersten Blick für den individuellen Opferschutz eine mögliche Lösung. Für ein Schulsystem als Ganzes ist Homeschooling jedoch kein Ansatz um Mobbing zu verringern. Es werden nur einzelne Opfer (von Eltern, die es sich einrichten können) in Sicherheit gebracht, aber das Problem im System wird nicht gelöst.

3.3.4 Homeschooling als Schutz vor überfordernden Lehrer_innen?

Die Angst vor fordernden Lehrer_innen wird als weiterer Grund für schulische Probleme von Kindern genannt. Eltern als vertraute Personen werden dann als positiver Faktor für eine sichere Lernumgebung gesehen. Dies kann jedoch auch negative Folgen haben. Indem die Eltern (im Hausunterricht) die Rolle der Lehrperson einnehmen, verschwimmen Rollen und Funktionen. Die Tochter und Schülerin kann möglicherweise nicht mehr unterscheiden, ob sie beispielsweise mit „Mama" – der Mutter – oder „Mama" – der Lehrerin – kommuniziert und umgekehrt (Der überwiegende Teil der elterlichen Lehrpersonen sind Mütter). Der erlebbare Lernerfolg der Kinder wird durch die fehlende emotionale Distanz auch als eigener Lehrerfolg betrachtet. Dadurch, dass die Eltern den Umfang der Lerninhalte bestimmen, kann dies einen erhöhten Leistungsdruck für die Lernenden zur Folge haben. Der Wunsch, das eigene Kind solle möglichst viel und schnell lernen, kann somit das Kind überfordern. Hier zeigt sich, dass die Problematik des schulischen Leistungsdrucks im Hausunterricht teilweise unreflektiert bestehen bleibt.

3.3.5 Homeschooling als Schutz vor unerwünschten Inhalten und Einflüssen?

Eltern mit bestimmten religiösen und politischen Einstellungen möchten ihre Kinder vor unerwünschten schulischen Inhalten und Problematisierungsformen schützen oder soziale Lernformen (z. B. zur Gleichheit aller Menschen) verhindern. Dem ist entgegenzuhalten, dass dadurch die autonomen, durch die Kinderrechte geschützten Freiräume von Kindern und Jugendlichen eingeschränkt werden. Die Schule kann Schüler_innen ermöglichen, andere Weltsichten und Überzeugungen kennenzulernen, zu eigenen Positionen zu finden, ein eigenes Leben zu führen und sich selbst in Dingen und sozialen Situationen auszuprobieren, welche zu Hause auf Widerstand stoßen können. Beim Homeschooling wird den Kindern diese Sphäre jenseits der Familie und ihres direkten kulturellen und politischen Umfeldes potenziell verwehrt (vgl. Zingg und Arnet 2017) und damit kann der Entstehung von Parallelgesellschaften Vorschub geleistet werden.

3.3.6 Unreflektierte pädagogische Einflüsse beim Freilernen

In Bezug auf Freilernen sei auf zwei unterschätzte pädagogische Einflussfaktoren kritisch hingewiesen:

1. Gerade bei prominenten Beispielen von Freilernenden aus Literatur und Film fällt das vielfältige, oftmals wohlhabende, naturnahe, gebildete Umfeld der Kinder und Jugendlichen auf. Zugespitzt formuliert: Dass Kinder sich auf privaten Anwesen auf Orka-Island vor Vancouver oder auf einem Landsitz in der Nähe von Paris mit mehreren gebildeten Erwachsenen, die sich großzügig um sie kümmern, freilernend prächtig entwickeln und bilden können, scheint wenig verwunderlich. Bei dem Versuch, diese Beispiele für andere anzupreisen, wird das Umfeld als Einflussfaktor jedoch oft zu wenig berücksichtigt.

2. Mit der Annahme, Kinder sollten allein ihrer Neugier folgend Themen aufgreifen und lernen, wird häufig eine Vorstellung von den Erwachsenen als nicht beeinflussende, neutrale Personen verbunden oder sie werden als Lernbegleiter_innen auf Abruf dargestellt. Die Rolle einer Lernbegleitung ist jedoch höchst anspruchsvoll und kann sich aus professioneller Sicht gerade nicht einseitig auf Freiwilligkeit des Kindes beschränken, sondern erhält in einer Doppelfunktion immer auch Aspekte von Anleitung, Macht und Führung. Beim Freilernen entfalten sich diese Aspekte erwachsener Lernbegleitung möglicherweise besonders wirkmächtig (weil unreflektiert) und zudem verdeckt (weil unerwünscht).

Auf zwei weitere in Zusammenhang mit Homeschooling häufig genannte Kritikpunkte wird im Kapitel fünf über die Erforschung von Entschulung näher eingegangen:

a) Homeschooling führt zur gesellschaftlichen Isolation und verhindert soziales Lernen.
b) Homeschooling führt zu schlechteren akademischen Leistungen im Vergleich zu beschulten Kindern.

Reflexionsfragen zu Kap. 3
- Welche Chancen für die Entwicklung der Kinder sind aus den Fallbeispielen von Hausunterricht und Freilernen zu erkennen?
- Welche Probleme oder Chancen des Homeschooling sind durch den Corona-Distanzunterricht sichtbar geworden?
- Sollte Homeschooling in Deutschland erlaubt, d. h. die Schulpflicht in eine Unterrichtspflicht umgewandelt werden?

Literatur

Bellar, C. (2012). Being und Becoming. Dokumentarfilm.
Bennewitz, H., Hecht, M. (2018). „Zu einer ganzen Person gemacht werden". *Persönlichkeitsbildung im Morgenkreis aus praxistheoretischer Perspektive.* In: J. Budde, N. Weuster (Hrsg.): *Erziehung in Schule. Persönlichkeitsbildung als Dispositiv.* Wiesbaden: Springer VS, S. 179–200
Beckermann, Z., Burbules, N. C., Silbermann-Keller, & Diana (Hrsg.). (2006). *Learning in places: The informal education reader.* New York: Peter Lang.
Bernfeld, S. (1974). Kinderheim Baumgarten. Bericht über einen ernsthaften Versuch mit neuer Erziehung (1921). In S. Bernfeld (Hrsg.), Antiautoritäre Erziehung und Psychoanalyse. Ausgewählte Schriften Band 1. Hrsg. von Lutz von Werder und Reinhart Wolff (S. 94–215). Frankfurt/Main.
Fischer, R. (2009). *Homeschooling in der Bundesrepublik Deutschland. Eine erziehungswissenschaftliche Annäherung.* Bonn.

Greenberg, D. & Wilke, M. (2014). *Endlich frei!: Leben und Lernen an der Sudbury-Valley-Schule* (3. Aufl.). Freiamt im Schwarzwald: Arbor.
Gruschka, A. (2003). Von der Kritik zur Konstruktion ist oft nur ein Schritt: der der Negation (Diskussion des Beitrags von Ulrich Oevermann im gleichen Heft). *Pädagogische Korrespondenz* (30), S.71–79.
Hecht, M. (2009). *Selbsttätigkeit im Unterricht: Empirische Untersuchungen in Deutschland und Kanada zur Paradoxie pädagogischen Handelns* (1. Aufl.). Wiesbaden: Springer VS.
Hentig, H. v. (1971). *Cuernavaca oder: Alternativen zur Schule?* Stuttgart.
Holt, J., & Farenga, P. (2003). *Teach your own. The John Holt Book of homeschooling. 1. print.* Cambridge, Mass.: Perseus Publ.
Lois, J. (2013). *Home is where the school is. The logic of homeschooling and the emotional labor of mothering.* New York: New York Univ. Press.
Makarenko, A. S. (1961). Der Weg ins Leben. Ein pädagogisches Poem. Berlin.
Mohsennia, S. (2004). *Schulfrei. Lernen ohne Grenzen.* Königslutter: Anahita.
Müller, B. (1991). *Die Last der großen Hoffnungen. Methodisches Handeln und Selbstkontrolle in sozialen Berufen.* Weinheim.
Murphy, J. (2012). *Homeschooling in America. Capturing and assessing the movement.* Thousand Oaks, Calif.: Corwin Press.
Oevermann, U. (1996). *Theoretische Skizze einer revidierten Theorie professionalisierten Handelns.* In A. Combe & W. Helsper (Hrsg.), *Pädagogische Professionalität* (S. 70–182). Frankfurt/Main: Suhrkamp.
Oevermann, U. (2003). Brauchen wir heute noch eine gesetzliche Schulpflicht und welches wären die Vorzüge ihrer Abschaffung? *Pädagogische Korrespondenz*((30)), 54–70.
Oevermann, U. (2004). Über den Stellenwert der gesetzlichen Schulpflicht – Antwort auf meine Kritiker. *Pädagogische Korrespondenz* (32), S. 74–84.
Ross, M. (2016). Captain Fantastic. Spielfilm.
Schirrmacher, T. (2006). *Bildungspflicht statt Schulzwang! 42 Thesen.* In: R. Fischer, V. Ladenthin (2006). *Homeschooling. Tradition und Perspektive.* Würzburg: ERGON Verlag. S. 199–284
Schulze, S. (2019). *Homeschooling: Wie Kinder zu Hause lernen.* (https://www.familienleben.ch/kind/schule-ausbildung/homeschooling-in-der-schweiz-eine-familie-berichtet-2988. Zugegriffen: 25. Januar 2019.
Shosie, Luz (2003). *Smarting us up: the un-dumbing of America. Homeschooling How and Why.* Wild Rose Press.
Sono, A. (2010). Schulfrei. Filmportrait über drei deutsche Freilerner-Familien.
Spiegler, T. (2008). *Home Education in Deutschland. Hintergründe – Praxis – Entwicklung.* Wiesbaden: Springer VS.
Stern, A. (2013). Und ich war nie in der Schule: Geschichte eines glücklichen Kindes, Lizenzausgabe: Herder, Freiburg im Breisgau: Herder.
Tenorth, H.-E. (2014). Kurze Geschichte der allgemeinen Schulpflicht. https://www.bpb.de/gesellschaft/bildung/zukunft-bildung/185878/geschichte-der-allgemeinen-schulpflicht. Zugegriffen 4. Januar 2018.
Thomas, A. (2002). Informal learning, home education and homeschooling. T*e encyclopaedia of informal education.* http://infed.org/mobi/informal-learning-home-education-and-homeschooling-home-schooling/. Zugegriffen: 5. April 2017.
Zingg, M. & Arnet, H. (2017). *Homeschooling – Der andere Weg zur Bildung.* Dokumentation in 3Sat. Schweiz: SFR DOK =Erfahrungsbericht

4 Entschulung der Schule – die Organisation von nicht-organisiertem Lernen

> **Zusammenfassung**
>
> Im vierten Kapitel wird der Ansatz einer Entschulung der Schule vorgestellt, der Schulen nicht abschaffen, sondern sie weniger verschult machen möchte und dafür andere Lernformen sowie Lernräume ganz außerhalb von Schule sucht. Die Darstellung folgt der 2-phasigen Entwicklung der Entschulungsidee von Hartmut von Hentig (siehe Kap. 2) und stellt drei aktuelle Beispiele einer entschulten Schule vor. Da die als „Herausforderungen" bezeichnete Variante einer entschulten Schule insbesondere für Jugendliche konzipiert wird, beleuchtet ein Exkurs das Verhältnis von Schule und Jugend und die Annahme, Entschulung sei gerade für Jugendliche besonders passend. Abschließend wird der Ansatz der entschulten Schule kritisch hinterfragt. Das Kapitel basiert, soweit nicht anders angegeben, auf Texten von Hentig (1971, 2007).

4.1 Grundannahmen einer Entschulung der Schule

▶ Der Begriff **Entschulung der Schule** bezeichnet eine schulgesteuerte Organisation von informellen Lerngelegenheiten sowohl innerhalb als auch außerhalb des herkömmlichen Schulrahmens.

Eine Entschulung der Schule kann als Gegenbegriff einer verschulten Schule verstanden werden. Als verschult kann eine Schule bezeichnet werden, die auf Anwesenheitspflicht fußt, den Lernenden keine Wahlmöglichkeiten hinsichtlich der Lernformen und Lerninhalte gibt, einen Lehrplan vorschreibt, auf reine Wissensvermittlung, Wissensabfrage, Leistungskonkurrenz und Überprüfung setzt, wobei alle Schüler_innen gleichzeitig das Gleiche tun und lernen sollen, die junge Menschen länger in (finanzieller) Abhängigkeit hält als früher (mindestens 10 statt 8 Schuljahre) und die hierarchisch und selektiv die demokratische Erziehung der Kinder und Jugendlichen vernachlässigt.

Hentig hat sein Nachdenken über eine entschulte Schule in zwei Phasen entwickelt. Zunächst in den 70er-Jahren, als in der Bundesrepublik auch viele Gesamtschulen mit neuen bildungspolitischen Ideen entstanden und in Nordrhein Westfalen auf Hentigs Initiative hin die Schulprojekte Bielefeld (Laborschule und Oberstufenkolleg) gegründet wurden. Hentigs Überlegungen zu Entschulung aus dieser Zeit sind nicht zuletzt von seinen Begegnungen mit Ivan Illich geprägt, dessen Vorstellungen einer Entschulung der Gesellschaft Hentig letztlich verwirft.

> **Wissensbaustein: Die Laborschule Bielefeld**
> Die Laborschule Bielefeld wurde gemeinsam mit dem Oberstufenkolleg 1974 von Hartmut von Hentig als staatliche Versuchsschule des Landes Nordrhein-Westfalen gegründet.
>
> Sie ist zugleich inklusive Gesamtschule/Ganztagsschule für ca. 660 Schüler_innen in den Jahrgängen 0–10 und wissenschaftliche Einrichtung der Universität Bielefeld. Die Laborschule versteht sich als „Gesellschaft im Kleinen", in der (demokratische) Formen des Zusammenlebens erprobt und eingeübt werden können. Die Kinder lernen teilweise in altersgemischen Gruppen; sie erhalten Lernberichte und (bis Ende Jahrgang 9) keine Noten, die Selektion setzt also möglichst spät ein.
>
> Zu den (reform-)pädagogischen Strukturen der Laborschule gehören unterschiedliche Lernorte (z. B. ein Zoo, ein Garten, Werkstätten, ein Schüler_innenladen), regelmäßige Exkursionen, mehrere Praktika, mit-organisierte Projektwochen und jedes Jahr eine zunehmend eigenverantwortlich gestaltete Reise (z. B. auf eine Selbstversorger-Hütte im Winter oder als mehrwöchiger Schüler_innenaustausch).
>
> In der Laborschule werden von Lehrer_innen und Wissenschaftler_innen neue Formen des Lernens und Lehrens entwickelt, erprobt und der Öffentlichkeit zur Verfügung gestellt. Die Entwicklung von Lehrplänen gehörte nicht nur in den Anfangsjahren zu einem Forschungs- und Entwicklungsschwerpunkt.

30 Jahre später reagierte Hentig auf die weitere Veränderung von Arbeitsprozessen, die zunehmende Praxisferne und die Ausweitung und Verlängerung der schulischen Ausbildung mit dem Text: „Bewährung. Von der nützlichen Erfahrung nützlich zu sein" (2007), in dem er eine umfassende Entschulung der Mittelstufe konzipiert. Auch wenn von Hentigs Vorschläge besonders pointiert formuliert sein mögen, neu sind seine Vorstellungen nicht. Der von Maria Montessori 1928 entworfene Erdkinderplan zur Reform einer Sekundarschule ähnelt in vielen Punkten dem Ansatz einer Entschulung der Schule (siehe Fallbeispiel in Abschn. 4.3). Der Erdkinderplan oder andere historische Vorläufer werden von Hentig in seinen Arbeiten nicht erwähnt. Hentigs Entschulungs-Überlegungen wurden an verschiedenen Stellen in der BRD aufgegriffen und – allerdings nicht so umfassend – in sogenannten Herausforderungsprojekten umgesetzt.

4.1.1 Merkmale einer entschulten Schule

In seinen frühen Überlegungen betont Hentig, dass Schule mehr schaffen müsse als die Ausbildung und Anpassung der nächsten Generation. Gesellschaft brauche Schule aus anderen Gründen, sie „braucht eine didaktische Instanz, die ihr immer wieder ermöglicht, den eigenen Systemzwängen zu entrinnen." (Hentig 1971, S. 109). Eine demokratische, hochtechnologisierte, arbeitsteilige, spezialisierte Gesellschaft bedürfe nicht nur einiger weniger kritischer, emanzipierter Menschen (früher Mönche, Wissenschaftler_innen), sondern alle müssten „gezwungen werden frei zu sein" (vgl. Rousseau, 1762 – hier 1958), also selbstbestimmt auf der Grundlage eines Contrat social, eines Gesellschaftsvertrages, leben (siehe Abschn. 1.4). Ein solcher Gesellschaftsvertrag bedürfe der eigenen Einsicht und der Erziehung. Dieses Ziel der Selbstbestimmung in einer Gemeinschaft könne durch eine entschulte Schule erreicht werden, so Hentigs These, die damit ein Labor der zukünftigen Gesellschaft darstelle.

Eine entschulte Schule beschreibt Hentig auf drei sich teilweise überschneidenden Ebenen:

1 als geprägt von besonderen Strukturen und Aufgaben der Lehrpersonen Die entschulte Schule solle so angelegt und das Schulleben so gestaltet sein, dass genug spontane Ereignisse und informelle Lerngelegenheiten vorkommen, in denen den Kindern Freuden und Gefahren begegnen, in denen sie Fragen stellen oder Erklärungen erhalten. Zum Verstehen dieser Aufgaben und Erlebnisse würden sie Lehrer_innen, Bücher, Mitschüler_innen oder sich selbst brauchen.

Das Entscheidende daran ist, dass die Schüler_innen mitmachen, sich orientieren und eigene Wege gehen. Entschulte Schule wird bei Hentig als das gemeinsame Organisieren von Lerngelegenheiten verstanden. Die Lehrpersonen seien Menschen, die sich und den Lernenden Erfahrungen ermöglichen, die zusammenkommen, um gemeinsam Schule zu machen. Kein Ministerium, kein Lehrplan, keine Wissenschaft nehme ihnen das ab. Dabei würden sie nicht nur lehren, sondern beraten, entscheiden, forschen und verändern. Lehrer_innen seien Modelle lernender, politischer, autonomer Menschen. Hentig versteht das Lehrer-Dasein nicht einfach als einen Beruf, sondern vielmehr als eine Lebenseinstellung.

2. als konzipiert mit besonderen Organisationsformen der Lerngelegenheiten Als Organisationsform schwebt Hentig eine „Pflichtschule" vor, die zeitlich nur wenige Monate im Jahr abdeckt. Sie sei in erster Linie dazu da, Inhalte zu bearbeiten, die gemeinsame Fragen und Aufgaben betreffen, welche ein für das Leben in einer Gesellschaft gemeinsames Handeln und Verständigen möglich machen. Dieser Kern soll durch freie Wahlmöglichkeiten in vielerlei Kursen und offenen Angeboten ergänzt werden. Die staatliche Pflichtschule solle nach Ansicht Hentigs abgeben, was sie nicht mehr leisten könne: die optimale Vorbereitung auf den Arbeitsmarkt. Stattdessen könne die Wirtschaft den lebens- und berufspraktischen Teil der Schularbeit übernehmen. Persönliche und politische Bildung bleibe dagegen Aufgabe der öffentlichen Schule.

3. als geprägt von besonderen didaktischen Lernformen Eine entschulte Schule bedient sich aller (reform-)pädagogischen Alternativen zum lehrerzentrierten (Buch-)Unterricht. Es gibt fächerübergreifende Projektphasen, neue Erfahrungen werden auf Exkursionen in die Natur oder in den städtischen Raum gefunden, Orte der Arbeitswelt oder kulturelle Veranstaltungen werden besucht oder Praktika ermöglicht. Die Lehrenden sollen dabei eher zu Mentor_innen werden. Das Zusammenleben wird auf Klassenfahrten erprobt, auf denen die Gruppe sich selbst versorgt, Veranstaltungen und Feste gliedern das Schuljahr.

Hentig weist kritisch darauf hin, dass Lernformen, die auf Erfahrung als Grundkategorien von Erziehung setzen, „allzu gern in die selbstgestellte Falle tappen" (Hentig 1971), die Erfahrungen selbst zu verschulen, sie zu pädagogisieren und den Erfahrungsraum selbst zum Pensum zu machen. Daher müssten Lehrer_innen spontan auf Erfahrungsmöglichkeiten reagieren und sie nicht vorab didaktisieren.

4.1.2 Das Experiment einer entschulten Auszeit für Jugendliche

Seine früheren Überlegungen zur Entschulung der Schule, die inzwischen als pädagogische Bausteine in der Arbeit vieler Grund- und Gesamtschulen umgesetzt werden, greift Hentig 2007 in seinem Text „Bewährung. Von der nützlichen Erfahrung nützlich zu sein" wieder auf und macht darin konkrete Vorschläge für eine umfassende Entschulung der Mittelstufe. Dafür nennt er verschiedene Begründungen:

Die Pubertät sei ein Alter der Orientierung, des Ausprobierens, der Loslösungsprozesse von den Eltern. Die zunehmende Bedeutung des Gruppengefühls unter den Jugendlichen finde zu wenig Berücksichtigung in der Schule. Außerdem gelte es, die Teilhabe an der Gesellschaft als eine Gegenbewegung zu übertriebenen Individualisierungs-Bestrebungen erfahrbar zu machen. Man solle als Teil einer Gemeinschaft, deren Regeln man mitbestimmen und gestalten kann, die Erfahrung machen, gebraucht zu werden und nützlich zu sein. Schule sei zudem nur einer der Orte, an denen Jugendliche sich bilden können. Bildung im eigentlichen Sinne lasse sich gerade nicht auf das in der Schule Vermittelbare reduzieren. Und für manche Erfahrungen sei eine deutliche organisatorische und räumliche Trennung von Schule notwendig.

Hentig schlägt dazu ein (bisher noch nicht umgesetztes) **Experiment** vor: einen zweijährigen Versuch für die Klassenstufen sieben bis neun, an allen Schularten. Er führt eine Liste mit möglichen Aufgaben auf, an denen die Jugendlichen sich bewähren könnten. Darunter fallen zum Beispiel archäologische Untersuchungen, die Umwandlung eines verlassenen Gebäudes oder Geländes oder kreative Tätigkeiten, wie Zirkus/Artistik. Die Fertigkeiten und Kenntnisse der üblichen Schulfächer sollen dabei in einem täglichen 90-minütigen Unterrichtsblock erhalten werden. Der Erfolg des Experiments hänge in erster Linie von der Freiwilligkeit und Motivation der Teilnehmenden ab; wichtig sei aber auch die Einstellung der Erwachsenen zu den Jugendlichen als entscheidendes pädagogisches Element des Versuchs: Sie sollten mit Zuwendung, Geduld, Festigkeit und Lebenserfahrung dafür einstehen.

4.2 Exkurs: Jugend-Pubertät-Adoleszenz und das Konzept der Entwicklungsaufgaben

Eines der Argumente für eine Entschulung der Schule ist die Behauptung, Entschulung würde das Erwachsenwerden von Jugendlichen und die Bewältigung von Pubertät und Adoleszenz besonders fördern, da die Heranwachsenden während der

Entschulung auf Herausforderungen stießen, die ihren altersgemäßen Entwicklungsaufgaben entsprächen.

Die Lebensphase der Heranwachsenden wird von verschiedenen Fachrichtungen aus betrachtet, die jeweils das Phänomen nicht ganz eindeutig abgrenzen können. Im folgenden Exkurs werden die Unterschiede zwischen Jugend, Adoleszenz und Pubertät erläutert, sowie das Konzept der Entwicklungsaufgaben vorgestellt. Der behauptete Zusammenhang von Entschulung und Heranwachsenden wird kritisch hinterfragt. Dieser Exkurs zur Lebensphase der Heranwachsenden basiert soweit nicht anders angegeben, auf Texten von Havighurst (1974), Hentig (2007), Jürgens und Greiling (2012), Makowski (2012), Fend (2000), Quenzel und Hurrelmann (2014) sowie Hurrelmann/Quenzel (2016).

▶ **Pubertät** ist das biologische Phänomen der ab dem 10.–13. Lebensjahr einsetzenden hormonell bedingten körperlichen Veränderungen bis zur Geschlechtsreife, zu Erwachsenen (bei Mädchen bis etwa zum 18., bei Jungen bis zum 21. Lebensjahr). Während dieser Entwicklung erfolgt eine grundlegende Reorganisation des Gehirns.

▶ **Adoleszenz** ist entwicklungspsychologisch der durch die Pubertät eingeleitete psychosoziale Reifungsprozess. Dieser führt zu Neuorientierungen in Bezug auf die Elterngeneration und die Gleichaltrigen, zu Auseinandersetzungen mit dem erwachsen Werden, zur Erprobung von Verantwortung und zu eigenen Entscheidungen bezüglich der individuellen Lebens- und Berufsvorstellungen und kann dabei krisenhaft verlaufen. Sie ist das Gegenstandsfeld entwicklungspsychologischer Theorien.

▶ **Jugend** ist ein gesellschaftlich konstruierter Begriff für dieses Lebensaltesr. In der soziologischen Jugendforschung wird er zeitlich oft zwischen dem Beginn der Pubertät und dem Eintritt in die (staatlich definierte) Volljährigkeit angesetzt (vgl. Göppel 2005, S. 53). Allerdings dehnen Faktoren, wie die Abhängigkeit von den Eltern, eine lange Schul-, Studiums- bzw. Ausbildungszeit oder die jeweilige eigene Kultur diese Zeit unterschiedlich aus. In verschiedenen Gesellschaften lassen sich historisch entwickelte Formen der Aufnahme (Initiation) in die Erwachsenenwelt finden, z. B. in die religiöse Gemeinschaft oder bei der staatlichen Jugendweihe in der früheren DDR.

Die physischen und psychischen Veränderungen in dieser Zeit beeinflussen junge Menschen grundlegend. Während ihre kognitiven Potenziale und ihre Leistungsfähigkeit steigen, sinkt oft ihre Konzentrationsfähigkeit, es tritt körperliche Unruhe

4.2 Exkurs: Jugend-Pubertät-Adoleszenz und das Konzept der ...

auf. Emotional können sie extrem reagieren, auch zwischen Empathie- und Kritikfähigkeit ein Gleichgewicht zu finden, fällt ihnen schwer, und sie sind in ihrer Selbstwahrnehmung verunsichert. Gleichzeitig gibt es wenig Möglichkeiten für sie, sich eigenverantwortlich in die Gesellschaft einzubringen und die in diesem Lebensalter anstehenden Aufgaben zu lösen, die Robert J. Havighurst bereits 1948 als **Entwicklungsaufgaben** beschrieben hat.

▶ Das sozialisationstheoretische Konzept der **Entwicklungsaufgaben** geht davon aus, dass Menschen in verschiedenen Lebensabschnitten jeweils bestimmte Aufgaben bewältigen müssen, die Voraussetzung für persönliche Veränderung und für die weitere Entwicklung sind. Auslöser dieser Entwicklungsschritte sind dabei stets gesellschaftliche Erwartungen und individuelle Zielsetzungen, aber auch politische oder wirtschaftliche Ereignisse wie Krieg oder gesellschaftlicher Wohlstand.

▶ Zu den Aufgaben der Adoleszenz gehören z. B. die Akzeptanz der eigenen Körperlichkeit und der Geschlechtsrolle, die emotionale Unabhängigkeit von der Elterngeneration und der Aufbau von Beziehungen zu Gleichaltrigen, der Kompetenzerwerb für eine berufliche Zukunft und ein Leben in Selbstständigkeit, das Streben nach sozial verantwortlichem Verhalten und nach gesellschaftlicher Mitgestaltung.

▶ Da sich die Voraussetzungen seither deutlich verändert haben, wurde das Konzept mehrfach den soziohistorischen Bedingungen angepasst, z. B. von Fend (2000) oder von Hurrelmann/Quenzel (2016), die auch beschreiben, in welche Risiken Jugendliche geraten, wenn sie bei der Bewältigung dieser Aufgaben nicht erfolgreich sind: Der Entwicklungsdruck kann in Aggressionen umschlagen oder zur Flucht (z. B. in die Sucht) führen, aber auch in Rückzug und depressive Resignation.

4.2.1 Schule und Jugend

Es ist naheliegend, dass sich aus Jugend, Adoleszenz und Pubertät und aus den daraus abgeleiteten Entwicklungsaufgaben Konsequenzen für das schulische Lernen ergeben. Wie reagiert Schule auf Jugend als „Umbruchphase" und Zeit „fundamentaler Reorganisation der Persönlichkeit" (Jürgens und Greiling 2012, S. 5; Fend 2010)? Kann schulisches Lernen überhaupt sinnstiftend und ertragreich sein in einer Lebensphase, in der „Jugendliche mit krisenhaften Lösungen ‚außerschulischer' Entwicklungsaufgaben so intensiv beschäftigt sein können, dass sie

‚schulischen' Entwicklungsaufgaben nur wenig Aufmerksamkeit widmen können?" (Schenk 2004, S. 45).

Kritische Stimmen meinen, Schulunterricht übergehe besonders in dieser Zeit „die Sinnlichkeit der Schüler", Wirklichkeitserfahrung geschehe lediglich aus zweiter Hand. Unterricht werde von Jugendlichen oftmals als wenig bedeutsam für ihr gegenwärtiges Leben und Wachstum wahrgenommen (vgl. Göppel 2005, S. 178). Aus diesem Grund besteht in der Erziehungswissenschaft seit langem die Frage, wie Schule so gestaltet werden kann, dass der Entwicklung Jugendlicher Rechnung getragen wird. Ein Ansatz, der sich unmittelbar auf Entwicklungsaufgaben bezieht, ist die Bildungsgangtheorie, die versucht, individuelle Entwicklungsaufgaben von Jugendlichen in den Mittelpunkt von Unterricht zu stellen. Den Jugendlichen wird dabei eine große Selbstverantwortung für ihr Lernen zugestanden (vgl. Trautmann 2004).

Häufig werden im Zusammenhang mit einer jugendgerechten Schule Forderungen gestellt, die sich als nicht ausschließlich jugendspezifisch herausstellen und in schulkritischen Ansätzen münden, die für das Lernen in der Schule für alle Lebensalter gelten, wie beispielsweise „das Leben wieder im Leben zu lernen" (Gudjons 2001, S. 80). Dieser schon in der heterogenen Bewegung der Reformpädagogik vielfach wiederzufindende Leitsatz wird auf unterschiedliche Weise umgesetzt, so zum Beispiel in Formen des offenen Unterrichts, der Projektmethode oder des forschenden Lernens (vgl. Gudjons 2001, S. 23, 80). Genau diese Formen lassen sich bereits als Beitrag zu einer entschulten Schule im Sinne der oben beschriebenen didaktischen Lernformen einer entschulten Schule verstehen.

4.2.2 Entschulung und Jugend

Die Annahme, Entschulung sei insbesondere für ein bestimmtes Lebensalter geeignet, stellt Bezüge zur Theorie von Jugend her. Programmatisch wird eine Passung von Entschulung und Bedürfnissen von Jugendlichen behauptet. Im Zusammenhang mit Entschulung wird neben der Veränderung sozialer Beziehungen und der zunehmenden Bedeutung von Gleichaltrigen insbesondere die Identitätsarbeit als Teil der von den Jugendlichen zu bewältigenden Entwicklungsaufgaben betont. Aus einer häufig krisenbehafteten Identitätsbildung wird die Notwendigkeit eines Freiraums, einer Entpflichtung abgeleitet. Insbesondere Entschulungsprojekte, die über einen längeren Zeitraum eine deutliche räumliche und personelle Trennung von Schule anstreben, böten einen solchen Freiraum.

Zu solchen Begründungen ist kritisch anzumerken, dass hierbei das Verhältnis von Jugend und Entschulung eine doppelte Vereinfachung erfährt: *Erstens* wird Jugend pauschal als problematisch und behandlungsbedürftig konzipiert. Die Jugendphase gefährde Schulleistungen und bedürfe einer pädagogischen Lösung. *Zweitens* wird der Begriff Jugend selbst stark verkürzt und vereinfacht. In der sozialwissenschaftlichen Literatur wird die Vielfalt der unter dem Begriff Jugend gefasster junger Menschen sehr differenziert betrachtet und seine Historizität betont (vgl. Hunner-Kreisel 2008). Diese Vielschichtigkeit wird bei der Behauptung einer besonders guten Passung von Entschulung und Jugend verkürzt auf die Annahme, dass Entschulung grundsätzlich für alle Jugendlichen eine Eröffnung von Freiräumen biete und dass diese positiv zur Bewältigung der Entwicklungsaufgaben von Jugendlichen beitragen. Selbst wenn man unterstellt, dass Jugendliche Entschulungsprojekte vielfältig jeweils auf eine für sie passende Weise nutzen können, bedürfte es hier einer theoretischen und konzeptionellen Konkretisierung, wie eine solche Passung gewährleistet werden kann.

Ein etwas anders gelagerter Aspekt tritt zu Tage, wenn Entschulung als ein Raum für Jugendliche konzipiert wird, der die Teilhabe an der Gesellschaft erfahrbar machen kann. Entschulung als Freiraum für Jugendliche soll in diesen Fällen eine Gegenbewegung zu übertriebenen Individualisierungsbestrebungen darstellen. Jugend wird hier verstanden als eine Vorbereitungszeit auf ein mündiges Erwachsensein und Entschulung als eine Möglichkeit, Gesellschaft mitzubestimmen und mitgestalten zu können (Hentig 2007): Damit wird ein Bezug zur Politischen Bildung hergestellt. Entschulungsprojekte, die auf Teilhabe und Mitgestaltung setzen, könnten so die Funktion einer abgekühlten, modernen Variante einer Initiation übernehmen.

Fallbeispiel: Robinsonade für Grundschulkinder

Die Idee einer Entschulung der Schule als Auszeit von schulischem Lernen wird vorwiegend für Jugendliche konzipiert und durchgeführt. Es gibt aber auch Beispiele für andere Altersgruppen. In seinem Buch „Die Arbeitsschule" (Original 1919) entwickelt Pavel Blonskij ein Konzept einer Schule, die auf informelles Lernen setzt (vgl. Engelmann 2016). Darin beschreibt er auch den Ansatz einer „Robinsonade" für Grundschulkinder. Wie Robinson auf einer Insel fern der Zivilisation sollen die Kinder einen Sommer lang (1–2 Monate) in einer Schulkolonie oder einem Landhaus sich selbst organisieren und natürliche Arbeitsanlässe aufgreifen und dabei Zivilisationsschritte nacherleben. Sie begeben sich in die Kolonie nur mit Kleidern, alles andere sollen sie sich in Zusammenarbeit mit Erwachsenen selber erschaffen (Nahrung, Unterkünfte, Werkzeuge, …). ◄

4.3 Die Realisierung entschulter Schule im 21. Jahrhundert

Angeregt von diesen Untersuchungen zu Jugend, von Hentigs Überlegungen, aber auch von allgemeinen Erfahrungen und Beobachtungen zur Entwicklung der Schüler_innen im Jugendalter sind zu Beginn des 21. Jahrhunderts in Deutschland mehrere Versuche entstanden, Jugendlichen andere Erfahrungen von Ablösung, Selbstwirksamkeit und mitzubestimmenden Lernmöglichkeiten außerhalb der Schule zu ermöglichen. Sie möchten einen Raum schaffen für lebenspraktische Erfahrungen, für die individuelle Entfaltung ihrer Persönlichkeit auf dem Weg zu mündigen Erwachsenen, aber auch für eine direkte Teilhabe an der Gesellschaft. Diese Projekte werden meist mit dem Begriff **Herausforderungen** bezeichnet. Die für die Jugendlichen entwickelten Modelle streben über einen gewissen Zeitraum eine deutliche räumliche und personelle Trennung von der Schule (und damit von der Leistungsbewertung) an – in die im Anschluss aber wieder zurückgekehrt werden soll. Die Jugendlichen sollen für einige Wochen oder immer wieder selbst gewählten projektartigen Aufgaben nachgehen, deren Rahmung pädagogisch und didaktisch organisiert ist.

Exemplarisch für die zunehmende Reihe von Projekten einer entschulten Schule für Jugendliche werden im Folgenden die Entschulungsprojekte dreier Schulen vorgestellt: Das Projekt Herausforderungen an der Evangelischen Schule Berlin Zentrum, das Entschulungs- und Herausforderungsprojekt der Laborschule Bielefeld und die Jugendschule Schlänitzsee der Montessorischule Potsdam. Zunächst werden jeweils die Schulen mit ihren Entschulungsansätzen und deren allgemeine Rahmenbedingungen beschrieben, dann wird die konkrete Umsetzung skizziert.

Diese Darstellung basiert, soweit nicht anders angegeben, auf folgenden Texten:

1. zur Evangelischen Schule Berlin Zentrum: Internetseite der „Evangelischen Schule Berlin Zentrum", einem „Infoheft für Eltern zur Herausforderung" 2014/2015, Hüttl (2014) und Zarate u. a. (2014).
2. zur Laborschule Bielefeld: Internetseiten (www.mixed-up-wettbewerb.de und http://laborschule.entschulung.org), Hageresch u. a. (2011, 2013) und Hecht und Hartmann (2014).
3. zur Jugendschule Schlänitzsee: Internetseite der Montessorischule Potsdam (www.potsdam-montessori.de/geschichte-jugendschule), Jürgens und Greiling (2012, 2014a, b), Kegler (2014).

4.3.1 „Herausforderungen" an der Evangelische Schule Berlin Zentrum

Fallbeispiel: Paddeln auf der Mecklenburger Seenplatte

Die folgende Darstellung einer für das Projekt typischen Herausforderung erfolgt in Anlehnung an eine Beschreibung, die am 12.11.2014 im Magazin der Süddeutschen Zeitung erschienen ist (Hüttl 2014):

Eine Gruppe aus 7 Schüler/innen, im Alter von 12–14 Jahren, findet sich zu einer Paddeltour zusammen. Sie wollen eine Strecke von etwa 100 km in 18 Tagen zurücklegen, auf Campingplätzen übernachten, das Budget von 150 € nicht überschreiten und alles ohne Unterstützung von Erwachsenen schaffen. Die sechs Jungen und ein Mädchen werden von einer Lehramtsstudentin begleitet, die zwar mitversorgt werden muss, aber während des Projekts eine passive Rolle spielen soll.

Die ersten Diskussionen gibt es beim Einkauf der Verpflegung. Während das Mädchen sinnvolle Lebensmittel und Mengen kaufen will, stimmen die Jungen für Süßigkeiten und Cola. Da sie in der Überzahl sind, dürfen die Jungen entscheiden. In der ersten Nacht, die sie auf dem Campingplatz am Kanuverleih verbringen wollen, bekommt die Gruppe keine Unterkunft, da die Rezeptionistin nicht mit Kindern verhandeln möchte. An dieser Stelle greift die Begleiterin ein und sie dürfen doch bleiben. In den folgenden Tagen passieren sie mehrere Schleusen und müssen ihre Kanus auch über Straßen tragen. Als eins umkippt, entsteht ein lautstarker Streit. Seit den Problemen auf dem ersten Campingplatz campen sie vor allem wild. Eines Morgens werden sie am Pälitzsee von einem Ranger dabei erwischt, müssen jedoch keine Strafe zahlen, da eine Nacht Wildcamping auf der brandenburgischen Uferseite erlaubt ist.

Dem Plan zufolge wollten die Schüler_innen über die Wasserstraßen der Havel Berlin erreichen, stattdessen paddeln sie aber mehrere Tage nur herum, ohne klares Ziel und sehen erst abends auf der Karte nach, wo sie sind. Sie genießen ihre Freiheit: Sie stehen auf, wenn es hell wird, und gehen schlafen, wenn es dunkel wird. Zähneputzen ist für die meisten auch nicht mehr wichtig, gewaschen wird sich im See. Sie packen ihre Sachen erst mittags zusammen und brechen danach zur nächsten Etappe auf. Durch die undurchdachte Verpflegung leben sie mehrere Tage nur von Nudeln und Ketchup oder Haferflocken mit Milchpulver, weshalb sie genervt und leicht reizbar sind.

Ein Schüler bekommt Heimweh und möchte das Projekt abbrechen, doch dies wird von der Schule verboten, solange es keine körperlichen Symptome und Auswirkungen mit sich bringt. Durch gutes Zureden der Gruppe bleibt der

Junge im Projekt. Die letzte Nacht verbringen sie unter freiem Himmel. Mit einem Restgeld von 22 €, mehreren verlorenen Dingen wie Taschenmesser und Kleidung, mit Brandblasen, Kratzern und Zeckenbissen kehren sie zurück. ◄

Die Evangelische Schule Berlin Zentrum (in Folgenden ESBZ genannt) bildet im Verbund mit der Evangelischen Schule Berlin Mitte eine von der Schulstiftung der Evangelischen Kirche Berlin-Brandenburg-Schlesische Oberlausitz getragene Gemeinschaftsschule mit den Jahrgängen 1–13. Sie setzt mit ihrem christlichen Menschenbild u. a. auf demokratische Mitbestimmung, soziale und ökologische Verantwortung, ganzheitliches Lernen. Die Schule organisiert sich sowohl in jahrgangsübergreifenden Lerngruppen als auch in Jahrgangsklassen. Es gibt Tutor_innen und mit Materialien ausgestattete Lernbüros für das selbstständige Erarbeiten von curricularen Unterrichtsthemen. Lernfortschritte werden in sogenannten Logbüchern dokumentiert. Die ESBZ stellt daneben unterrichtsfreie Zeit für das Lernen außerhalb der Institution Schule zur Verfügung: Schüler_innen der Jahrgänge 8–10 finden sich jedes Schuljahr in sogenannten „Herausforderungsgruppen" von mindestens vier Personen zusammen und bestimmen gemeinsam, welche Unternehmung sie zusammen bewältigen wollen. Dabei sind die Möglichkeiten beinahe unbegrenzt: Fahrradtouren entlang der Ostsee, Kanutouren von Berlin bis zum Spreewald und zurück oder Arbeiten auf einem Bauern- bzw. Reiterhof. In einem Zeitraum von bis zu drei Wochen und bei einem vorgegebenen Budget von 150 € pro Person für Verpflegung, Fahrten, Übernachtungen etc. sollen die Schüler_innen die Chance bekommen, außerhalb des gewohnten Umfeldes Erfahrungen in unbekannten Gebieten zu machen. Die vorbereitende Planung läuft parallel im Schuljahr neben den regulären Unterrichtsangeboten.

Während der Durchführung der Projekte werden die Schüler_innen durch sogenannte „Coaches" unterstützt. Diese sind zumeist Pädagogen_innen, ehrenamtliche Helfer_innen oder Auszubildende. Sie begleiten die Schüler_innen, aber greifen nur bei Gefahr ein, sonst behalten die Coaches eine passive Rolle bei.

Alle Schüler_innen der Klassenstufen 8–10 müssen in jedem dieser 3 Jahre an einem Projekt teilnehmen. Der zeitliche Rahmen der „Herausforderung" sieht maximal 3 Wochen vor. In dieser Zeit haben die Schüler_innen keinen Unterricht. Um den Ablauf des Projekts ausreichend planen zu können, wird schon im Vorjahr damit begonnen, finanzielle und materielle Unterstützer zu finden, Unterkünfte zu suchen oder Aktivitäten zusammenzutragen. Zudem sollen in der Gruppe 3 Personen eine besondere Rolle übernehmen: Eine Person überwacht die Finanzen, eine Person erhält als Kommunikationschef_in den Auftrag, mit möglichen Coaches, Unterstützer_innen, Herbergen etc. zu verhandeln, während eine andere Person als Dokumentierchef_in alle Vorkommnisse vermerkt, anhand derer die Gruppe nach Beendigung des Projekts ihre Erlebnisse und Erfahrungen schulintern darstellen kann.

Die Planung des Projekts muss mit Ende des vorangehenden Schuljahres abgeschlossen sein, andernfalls bleiben die Schüler_innen in der Zeit der Herausforderungen in der Schule.

Ziel des Projekts ist es, die Schüler_innen zu fordern und zu fördern: Es soll ihnen Erfahrungen in sportlichen, wissenschaftlichen, kulturellen und sozialen Bereichen ermöglichen. Man geht in der Schule davon aus, dass das Selbstvertrauen der Jugendlichen gestärkt wird, weil sie eigenständig handeln, denken, und mit ihren Misserfolgen umgehen müssen. So erproben sie sich in vorhandenen Fähigkeiten und bilden neue aus; über die Jahre können sie diese vertiefen oder jeweils andere Vorhaben angehen, sozusagen unterschiedliche Entwicklungsaufgaben in den Vordergrund stellen. Dadurch, dass nicht eine ganze Klasse dasselbe unternehmen muss, wird den individuellen Interessen und Fähigkeiten Raum gegeben Die Schüler_innen lernen jedoch auch, in ihrer Gruppe gemeinsam Entscheidungen zu treffen und Problemen nicht auszuweichen, sondern Kompromisse zu suchen, mit denen die Gruppe (für den Projektzeitraum) handlungsfähig bleibt.

4.3.2 „Entschulung"/„Herausforderungen Jahrgang 8" an der Laborschule Bielefeld

Fallbeispiel Popup-Restaurant „Just a week"

Zusammen mit unbegleiteten jugendlichen Flüchtlingen und begleitet von den Falken entwickelt eine Gruppe von 15 Jugendlichen ein Konzept für ein Weltrestaurant und setzt dieses um: Es geht um Raumsuche, Kochkurse, Menüentwürfe, Kostenberechnung, Werbung – und um gemeinsame Verständigung. Für eine Woche eröffnen die Jugendlichen ein Restaurant in einem leer stehenden Ladenlokal. Sie kaufen ein, kochen, decken die Tische ein, kellnern, sie führen neben dem Essen durch thematische Abende mit Vorträgen und Musik, die sie organisiert haben und spenden den Ertrag einer Flüchtlingsorganisation. ◄

Fallbeispiel Radtour und Tanz

Drei Mädchen, die gern tanzen, organisieren eine gemeinsame Radtour nach Bremerhaven: Sie planen die Strecke, suchen Übernachtungsmöglichkeiten bei Kirchengemeinden und in einer Schule (in der sie zum Dank die Laborschule vorstellen) und erfragen Plätze, auf denen sie ihre Musik abspielen und ihre Tänze präsentieren können. Das gesammelte Geld spenden sie dem Mädchenhaus Bielefeld. ◄

> **Fallbeispiel Organspendeausweis**
>
> Zwei Jungen interessieren sich für die gesellschaftliche Diskussion um den Gesetzentwurf zur Organspende. Sie organisieren sich Expertengespräche und sammeln weitere Informationen. Diese fassen sie in einer Präsentation zusammen, die sie an verschiedenen Orten, auch an anderen Schulen halten. Dabei gewinnen sie viele Menschen zum Erwerb des Ausweises. ◄

An der Laborschule Bielefeld werden zusätzlich zu den beschriebenen offenen Lern- und Erfahrungsformen seit 2011 Entschulungsprojekte (später „Herausforderungen Jahrgang 8" genannt) entwickelt, denn die Kolleg_innen stellen fest, dass sich die Jugendlichen und ihre Eltern in den letzten Schuljahren (zu) sehr auf die fachliche Abschlussqualifizierung fokussieren. Daher sollen die Schülerinnen und Schüler die Möglichkeit haben, sich für etwa drei Wochen einer Aufgabe außerhalb der Schule zu stellen.

Die Aufgabenstellung lautet seit 2017:

„Ihr könnt in diesem Schuljahr über mehrere Wochen hinweg ein Projekt umsetzen,

- bei dem möglichst alle Schritte von euch geplant, geprobt und durchgeführt werden,
- bei dem ihr Menschen außerhalb von Schule und den euch gewohnten Lebenskreisen begegnet,
- das an einen anderen Ort außerhalb von Schule führt,
- das Erwachsene außerhalb der Schule als Spezialisten einbezieht,
- das einen sozialen Nutzen hat und in dem ihr ein Produkt entwickelt, das anderen präsentiert wird."

Die Jugendlichen planen und organisieren also bereits im Vorhinein ihr Projekt selbstständig, zwar noch im schulischen Kontext, jedoch möglichst ohne die Hilfe von Lehrer_innen. Im Anschluss an ihre Zeit außerhalb der Schule sind sie aufgefordert, ihre eigenen Erfahrungen in einer selbst gewählten Form zu präsentieren. Besonderes Augenmerk wird auf die Mitbestimmungsmöglichkeiten und Selbstorganisation der Jugendlichen gelegt. Ergänzt werden diese Vorhaben, die von Schüler_innen einzeln oder in kleinen Gruppen selbst organisiert werden, durch größere Gruppenprojekte, auf die man sich im Jahrgang bewerben kann. Diese benötigen einen längeren Vorlauf und sind häufig mit höheren finanziellen Ausgaben verbunden, sodass sie im Vorfeld von Lehrer_innen und außerschulischen Kooperationspartner_innen, z. B. mit dem Jugendverband Die Falken, vorstrukturiert werden. Dennoch wird auch innerhalb dieser Projekte auf ein hohes Maß an Mitbestimmung und auf die Möglichkeit geachtet, dass die Jugendlichen das Vorhaben „zu ihrem Ding" machen können.

Als Rahmen dienen eine begleitete Vorbereitungszeit, die Durchführungsphase mit einem Budget von 150 € pro Person, die Aufforderung, andere Orte und andere Personen außerhalb von Schule aufzusuchen, die teilweise vorgeplanten Großprojekte sowie Begleitpersonen für individuell entwickelte Projekte. Die Aufgabe der Begleitpersonen – oft Studierende im Rahmen eines erziehungswissenschaftlichen Seminars „Praxisstudien" – wird als komplexer Rollenmix beschrieben: als eine Mischung aus Sicherheitsvorsorge, Kontaktperson zur Schule und ansprechbaren Erwachsenen.

Nach Beendigung des Projekts erfolgt die Präsentation. Hierbei werden die Großprojekte meist für die Öffentlichkeit zugänglich vorgestellt, kleinere Projekte auch im begrenzteren Rahmen für Eltern, Lehrer und die zukünftigen 8. Klassen. Hierbei nutzen die Schüler_innen oft ihre während der Planung und Durchführung verfassten Aufzeichnungen, Fotos oder Filme.

Die Laborschule Bielefeld nennt stichwortartig sechs Ziele für ihre Entschulungsprojekte, in denen anders und anderes gelernt werden soll: Ein Mädchen/ein Junge soll

1. selbstbestimmt, selbstorganisiert, selbstverantwortet lernen, etwas sich zu eigen machen, Partizipation und Demokratie erfahren,
2. „zeigen was man kann", Könnenserfahrungen machen, „echte Aufgaben" meistern, Anerkennung bekommen,
3. sich zunehmend mit Gleichaltrigen auseinandersetzen, Verantwortung übernehmen, Konflikte austragen, Gemeinschaft selbst organisieren lernen,
4. jugendgemäße Entwicklungsaufgaben bearbeiten können: Ablösung, Identitätsfindung, Sich-Ausprobieren, Unabhängiger-Werden,
5. kognitives Lernen ergänzen und verknüpfen mit „tätigem" Lernen, körperlicher Betätigung, Bewegung,
6. sich für andere einsetzen, anderen in unterschiedlicher Weise nützen,
7. andere Erfahrungen machen, die so selbst im besten Unterricht nicht zu machen sind, zum Beispiel aus Situationen und von Menschen lernen, denen man im Unterricht nicht so leicht begegnet.

Wie sich an den Fallbeispielen zeigt, setzen die Jugendlichen mit ihren Vorhaben in Bezug auf diese Ziele unterschiedliche Schwerpunkte und beschäftigen sich so mit verschiedenen Entwicklungsaufgaben: Manche rücken soziale Ziele und Verantwortungsübernahme in den Vordergrund, wie die Kooperation mit Geflüchteten vor Ort. Einige wollen in ihrem Projekt Schule und Familie für die Zeit verlassen; sie nutzen dazu bereits vorhandenes Können und sehen die Herausforderung im selbst verantworteten Zusammenleben an neuen Orten und binden daran eine Spendenaktion. Oder Jugendliche erproben, wie sie sich in ein aktuelles Thema einarbeiten und gesellschaftliche Entscheidungsprozesse beeinflussen können.

4.3.3 „Jugendschule Schlänitzsee" an der Montessorischule Potsdam

Fallbeispiel Brunnenbau

Aus der Erkenntnis der Jugendlichen heraus, auf dem Gelände am Schlänitzsee Wasser nicht nur aus dem nahen See nehmen zu können, sondern es näher und besser verteilbar zu brauchen, leiten sie die Aufgabe „Brunnen bauen" ab. Sie informieren sich und suchen gemeinsam mit den Pädagog_innen einen Experten, mit dessen Hilfe sie die Arbeit planen und schließlich gemeinsam einen Brunnen bauen, der für alle folgenden Jahrgänge zur Verfügung steht. ◀

Wissensbaustein: Montessoripädagogik und der Erdkinderplan
Montessoripädagogik ist ein von der Ärztin und Reformpädagogin Maria Montessori (1870–1952) zunächst in Italien entwickeltes pädagogisches Konzept für Kleinkinder bis zu jungen Erwachsenen. Im Mittelpunkt stehen dabei die Selbsttätigkeit des Kindes und die das Kind beeinflussende Umgebung. Mit Formen des offenen Unterrichts, ansprechenden Materialien und Freiarbeit sollen die Eigentätigkeit und die individuellen Lernprozesse von Kindern und Jugendlichen optimal gefördert werden. Vor allem Kindergärten und Grundschulen, aber auch weiterführende Schulen arbeiten inzwischen in Europa und weltweit nach den Prinzipien der Montessoripädagogik.
    Montessori hat ihren Bildungsplan speziell für die Entwicklungsbedürfnisse von Jugendlichen Erdkinderplan genannt. Sie konzipiert 1928 darin eine Jugendschule, in der Jugendliche gemeinsam ein Gasthaus, einen Laden und eine Landwirtschaft betreiben. Montessori schreibt in ihrem Erdkinderplan nicht einfach ihr Konzept der Grundschule fort, sondern plädiert für eine radikale Zäsur und eine Entschulung des Lernens. Im Zentrum von

4.3 Die Realisierung entschulter Schule im 21. Jahrhundert

Montessoris Überlegungen für Jugendliche stehen das Erreichen von Unabhängigkeit, die Entwicklung der eigenen Persönlichkeit und die Unterstützung des Menschen als Baumeister seiner selbst. Montessori konzipiert die Jugendschule als pädagogisches Idyll, angelegt im ländlichen Raum. Damit orientierte sich Montessori an den Programmen der Landerziehungsheime und Reformschulen, die zur damaligen Zeit etabliert waren und ebenso wie Montessori eine Abkehr vom reinen Wissenserwerb und Auswendiglernen anstrebten (vgl. Montessori 1966, 1997, 2015, Raapke 1998 und Schäfer 2015).

Schulen, die aktuell in Deutschland mit Ansätzen aus dem Erdkinderplan arbeiten, sind neben der Jugendschule Schlänitzsee beispielsweise das Erdkinderprojekt Hof Eberharting bei Mühldorf in Oberbayern und das Internat Schloss Hagerhof in Bad Honnef. Ein Beispiel eines konsequent umgesetzten Erdkinderplans findet sich auf der Hershey Montessori Farm School in Huntsburg/Ohio.

Seit 2007 betreibt die staatliche Montessorischule in Potsdam eine so genannte Jugendschule. Diese Jugendschule versucht entsprechend, den besonderen Bedürfnissen von Jugendlichen, gerade in ihrem Übergang vom Kind zum Erwachsenen, gerecht zu werden. Dabei werden den Schüler_innen praktische, selbstregulierte und partizipative Lernangebote in und mit der Natur gemacht. Nachdem die staatliche Montessori-Grundschule in Potsdam im Jahr 2000 ihre Sekundarstufe I (ab Jg 7) eröffnet hatte, kam es zu diversen Schwierigkeiten mit den jugendlichen Lernenden. Eher wenige Grundschüler_innen der Montessorischule nahmen das Angebot einer weiterführenden Realschule nach der Montessoripädagogik an, sodass die neue Sekundarstufe vor allem mit Quereinsteiger/innen aus anderen, vorwiegend öffentlichen Schulen besetzt wurde, wobei gerade junge Menschen mit negativen Schulerfahrungen nach einer Alternative zum staatlichen Schulsystem suchten und daher an die Montessorischule wechselten. Da diese Schüler_innen nur wenige Erfahrungen mit offenen Lernkonzepten hatten und zudem bereits mehrheitlich stark demotiviert an schulische Bildung herangingen, konnten die Lehrer_innen nicht alle mit ihren bisherigen Unterrichtsstrategien erreichen. Die Frustration von Seiten der Schüler_innen, aber auch der Lehrer_innen, verlangte nach einem neuen Konzept, um allen Beteiligten gerecht zu werden. Nach einem Schulausflug an die Montessori-Farmschool in Cleveland/Ohio im Jahr 2005 wurden vom Kollegium erste Ideen und Pläne zur Jugendschule entworfen.

Es sollte ein Lernort entstehen, an dem die Jugendlichen mit ihrem Kopf, ihrem Herzen und ihren Händen die „Widerständigkeit der Welt" (Kegler 2014, S. 8) erfahren, an dem sie sich ihrer selbst und ihrer Wirksamkeit bewusst werden und andere (Lern-)Erfahrungen machen können. Diesen Ort haben die Jugendlichen und ihre Lehrer_innen auf einem alten Stasi-Feriengelände am Schlänitzsee gefunden. Auf dem 3,6 ha großen Gelände nördlich von Potsdam sollen die vorgeschriebenen Lehrplaninhalte mit praktischen Erfahrungen verbunden werden. So will die Schule den Jugendlichen gerechter werden, anstatt sie zu langweilen oder gar zu verprellen.

Auf dem Gelände am Schlänitzsee gestalten Jugendliche der Sekundarstufe I mit Hilfe von Pädagog_innen und Expert_innen ihre Umwelt neu und um. Dabei geht es vor allem darum, echte Aufgabenstellungen zu entwerfen und diese umzusetzen. Unter „echt" wird in der Konzeption der Jugendschule notwendig, handlungsorientiert und sinnhaft verstanden. Es wird angenommen, dass Jugendliche die Schule oft als zu theoretisch und wenig sinnvoll empfinden. Wozu sollen sie dieses oder jenes gerade tun? Diese Frage sollen sich die Jugendlichen am Schlänitzsee selbstständig beantworten können. Sie sollen sich sehr bewusst für eine Aufgabe entscheiden können.

Derzeit sind regelmäßig die 90 Jugendlichen der 7. und 8. Klasse der Montessori-Oberschule abwechselnd je eine Woche im Monat auf dem Gelände am Schlänitzsee. Aber auch die Grundschüler_innen besuchen das Projekt einmal wöchentlich und werden von den Jugendlichen an die Arbeiten auf dem Gelände herangeführt. Außerdem arbeiten die 9. und 10. Klasse in ausgewählten inhaltlichen Projekten auf dem Gelände am See. Dabei werden sie an der Jugendschule von Pädagog_innen, aber vor allem auch von Expert_innen verschiedener Fachrichtungen begleitet. So gehören ein Landwirt und ein Bootsbauer zum festen pädagogischen Team. Darüber hinaus haben etliche Fachleute einzelne Projekte begleitet und mitgestaltet. Ein weiteres zentrales Thema der Jugendlichen sind die sozialen Beziehungen untereinander. Jugendliche brauchen Raum und Zeit, um diese Beziehungen zu erkunden und zu gestalten. Auch dafür wird an der Jugendschule ausreichend Zeit zur Verfügung gestellt. Bei diversen Gruppendiskussionen, Versammlungen und Reflexionen werden die zwischenmenschlichen Beziehungen gepflegt und gestaltet.

Das Konzept der Jugendschule wird immer wieder verändert und weiterentwickelt. Seit 2011 ist die übliche Klassenstruktur aufgelöst und durch eine projektorientierte Einteilung ersetzt worden. Die Jugendlichen ordnen sich themenspezifisch konkreten Projekten zu, an denen sie dann eine Zeitlang arbeiten. Das bietet den Jugendlichen auch die Möglichkeit, sich mit einigen Themenbereichen nicht zu beschäftigen. Nur mit der Möglichkeit von Nicht-Anteilnahme ist echte

Anteilnahme möglich, so bilanziert Reinhard Kahl (Erziehungswissenschaftler, Journalist und Filmemacher) nach einem Besuch der Jugendschule, „denn wenn man immer müssen muss, kann man kaum noch wollen" (Kahl in Kegler 2014, S. 14).

Die Jugendschule Schlänitzsee gilt als offizielle Schulversuchsschule des Landes Brandenburg und wird seit Jahren wissenschaftlich begleitet. Wissenschaftler_innen der Universitäten Potsdam, Bielefeld und Halle evaluieren und begleiten den reformerischen Schulversuch, sodass neue Erkenntnisse im Bereich Lernen und Schulbildung erworben werden können. Damit ist die Jugendschule Schlänitzsee das bislang am umfassendsten erforschte Beispiel einer entschulten Schule (vgl. Kap. 5).

In den letzten Jahren hat sich das Gelände am Schlänitzsee verändert. Auf dem heruntergekommenen, verwilderten Grundstück haben die Jugendlichen einen Garten und Felder angelegt, eine Komposttoilette gebaut, jede Menge Müll beseitigt, Bäume gefällt, Kanus gebaut, einen Bauwagen renoviert, eine Kompostanlage und ein Bewässerungssystem für den Garten angelegt, sowie eine Küche errichtet, um sich selbstständig versorgen zu können. Darüber hinaus leben inzwischen einige Tiere am Schlänitzsee.

Die Jugendlichen haben angefangen ihre erwirtschafteten Produkte auf Märkten zu verkaufen. Dazu haben sie sich mit Buchhaltung und der Verwaltung ihrer Finanzen auseinandergesetzt. Ein wesentlicher Teil der Öffentlichkeitsarbeit liegt in den Händen der Jugendlichen. Wie sie sich nach außen präsentieren, Führungen gestalten, Pressemitteilungen verfassen und Interviews geben, wird von den Schüler_innen mitbestimmt. Fragt man die Jugendlichen danach, was sie alles am Schlänitzsee gelernt haben, bekommt man eine Vielzahl an alltagspraktischen, sozialen, sowie durchaus klassisch schulischen Kompetenzen zu hören. Immer wieder geht es aber um Respekt, Verantwortung, Gemeinschaft, Zeit, Nachhaltigkeit und Natur. Es scheint, als fördere die Arbeit in der Jugendschule einen ganzheitlichen Blick für die eigene Rolle in der Gemeinschaft und auf der Welt.

4.4 Diskussion: Würdigung und Kritik einer Entschulung der Schule

Entschulungsprojekte sollen einer Entschulung von Schule entgegenwirken, aber die Projekte sind schulisch organisiert, didaktisiert und pädagogisiert. Auch entschulte Schulen bleiben letztlich Schulen. Entschulungsvorhaben schaffen Lernsituationen zwischen Unterricht, offenen Unterrichtsformen und Projektunterricht auf der einen Seite und freiem Spiel, Urlaubserfahrungen, lebensweltlichen Lern-

und Bildungsformen und Angeboten wie in der offenen Kinder- und Jugendarbeit auf der anderen Seite.

An dieser Mischung und Verortung „irgendwo" zwischen formalem, nonformalem und informellem Lernen setzt eine erste Kritiklinie an, die auf eine mögliche Entgrenzungsproblematik aufmerksam macht (Abschn. 4.4.2). Nach deren Darstellung werden sechs weitere Kritiklinien aufgezeigt (Abschn. 4.4.3). Zunächst wird im Folgenden vor der Kritik der Ansatz einer Entschulung der Schule gewürdigt, wobei insbesondere auf die praktische Umsetzung von Herausforderungsprojekten Bezug genommen wird (Abschn. 4.4.1).

Das Kapitel zur Würdigung und Kritik einer Entschulung der Schule beruht, soweit nicht anders angegeben, auf Texten von Fölling-Albers (2000), Eikenbusch (2014), Fegter und Andresen (2008) und dem 14. Kinder- und Jugendbericht (Wabnitz 2013).

4.4.1 Würdigung der Entschulung der Schule

Die Entschulung der Schule hat in ihren verschiedenen Facetten eine erstaunliche Wirkkraft entfaltet. Viele reformpädagogische Ansätze, die einer Verschulung entgegen wirken sollen, sind mittlerweile weit verbreitet. Der Gedanke einer Verbesserung von Schule durch Nachdenken über ihre Alternativen, ohne die Schule als solche ganz aufzugeben, eröffnet vielfältige Handlungsspielräume. Sobald solche Gedanken jedoch zu sehr eine bestehende Schulorganisation in Frage stellen, scheinen sie an Grenzen zu stoßen. So sind komplett entschulte Schuljahre noch kaum umgesetzt. Mit einem zeitlich begrenzten Umfang entwickelt sich in den letzten Jahren mit „Herausforderungen" eine neue Form praktischer Umsetzungen. Diese Variante einer Entschulung von Schule reagiert auf die Veränderungen im Leben Heranwachsender, die durch die Ausweitung der Schul- und Ausbildungszeit länger in familiärer Abhängigkeit leben und sich in ihrer Freizeit durch die Beschäftigung mit Gaming und sozialen Medien zwar in globalen Räumen bewegen, aber weniger Erfahrungen in realen Räumen machen (können). Sie ermöglicht damit den Jugendlichen die selbsttätige Erprobung der Skills des 21. Jahrhunderts, wie sie die UNESCO oder die OECD benennen: kreativ und kritisch zu denken, flexibel zu kommunizieren und zusammenzuarbeiten, dabei die Lebenswelt zu erkunden, um sie nachhaltig zu gestalten.

Die Aufforderung der Projekte, sich in ungewohnten Bereichen auszuprobieren, wird von der großen Mehrheit der Jugendlichen offenbar gern wahrgenommen und führt auf der Suche nach neuen Wahrnehmungen und Begegnungen zu vielfältigen Lösungen. Gesucht werden einerseits Gelegenheiten zur körperlichen Bewegung,

z. B. auf Radtouren oder im Shaolin-Kloster, ungewohnte Begegnungen mit der Natur, z. B. bei Inselprojekten oder auf Wanderungen, zur Erkundung anderer Arbeits- und Lebensformen, z. B. in ökologischer Landwirtschaft oder in Kooperativen, oder zu sozialem Engagement, aber auch zum individuellen Ausbau persönlicher Fähigkeiten. Zunehmend wird dabei der Wunsch deutlich, sich auch außerhalb der eigenen Familie zu erproben, z. B. in WG-Form, wobei die Verantwortung für die Versorgung der Kleingruppe übernommen werden kann.

Wenn die Jugendlichen rückblickend ihre Projekte reflektieren, wird deutlich, wie wichtig für die Erfahrung von Selbstwirksamkeit bereits die Vorbereitungsphase der Vorhaben ist, in der es um den Mut zur Kontaktaufnahme mit völlig Fremden, aber auch um die Konkretisierung und realistische Anpassung von Wunschvorstellungen geht. Bei der Durchführung thematisieren sie die Erfahrung von Akzeptanz durch bisher Fremde, die Begegnung mit neuen Verhaltensweisen, die Mühe von ungewohnten Anstrengungen und von Konfliktbearbeitungen, ihr flexibles Zurückstellen von Vorerwartungen, was unerwartete Erfahrungen möglich macht, sowie die Zufriedenheit bei der selbstständigen Bewältigung des Alltags.

Auch die Erwachsenen in Familie und Schule fühlen sich herausgefordert darin, die Verantwortung in dieser Phase abzugeben und die Jugendlichen durch Zutrauen in ihren Unternehmungen zu unterstützen.

Dass Eltern und Schüler_innen der Folgejahrgänge sich bereits positiv mit den Möglichkeiten der Projekte auseinandersetzen, zeigt, dass sie die Entschulungsprojekte als wichtiges Bildungselement ihrer Schule wahrnehmen.

4.4.2 Entschulung als Entgrenzung von schulischer Zuständigkeit

Die Projekte einer Entschulung der Schule führen zu einer eigentümlichen Verquickung von Schule und schulisch organisierter Freizeit: Es kommt zu einer Entgrenzung schulischer Zuständigkeit. Schule besetzt in diesen Projekten Lebensbereiche, die bislang frei von schulischem Einfluss waren, wie z. B. private Radtouren oder Wochenend-Erkundungen in der Natur oder Kontakte zu einem Bauernhof in der Umgebung. Informelles Lernen wird so zu einer verpflichtenden Schulveranstaltung. Die vermeintliche Öffnung von Schule zu dieser Mischform von informellem und formalem Lernen wird als eine pädagogische Kolonisation der Freiräume von Kindern und Jugendlichen kritisiert. Es werden vier Aspekte einer Entgrenzung von Schule näher betrachtet:

1. Es erfolgt eine *zeitliche und räumliche Ausdehnung pädagogischer Felder in den öffentlichen Raum*. Durch die schulische Organisation von informellem Lernen werden die Zeiten und Räume beschränkt, in denen informelle Lernformen frei und außerhalb des Zugriffs und der Steuerung durch Erwachsene auftreten können. Der 14. Kinder- und Jugendbericht dokumentiert 2013 eine zunehmende Ausdehnung pädagogischer Zuständigkeiten, beispielsweise durch den Ausbau von Ganztagsschulen, die Konzeptionen von Schulen als Lern- und Lebensort, die zunehmende Bedeutung von frühkindlicher Bildung, aber auch durch Konzepte bzw. Ansprüche von lebenslangem Lernen. Die Autor_innen warnen vor einer Pädagogisierung öffentlicher Räume. Es wird kritisch auf Bemühungen zur Verwertbarkeit von Gleichaltrigengruppen in Hinblick auf Ausbildung und Beruf und auf die Gefahr der Verzweckung und Ökonomisierung des Jugendalters aufmerksam gemacht. Grundsätzlich gilt diese Kritik entsprechend für verschiedene Formen der Entschulung von Schule. Auch Fölling-Albers (2000) konstatiert eine „Descholarisierung von Schule" und versteht darunter ein Aufweichen von Merkmalen der verschulten Schule (Kanon, Test, Selektion, feste Räume und Zeiten, Lehrer_innen). Zugleich meint sie, eine Verschulung von Freizeitangeboten (Kursangebote jeglicher Art, Nachhilfe, Lernsoftware etc.) feststellen zu können. Ob dabei wirklich die private Freizeit zunehmend Einzug in das Schulische erhält und die Freizeit verschult wird, es also wie von ihr angenommen zu einer zweiseitigen Ausdehnung kommt, darf bezweifelt werden. Vielmehr dehnen sich einseitig pädagogische Zugriffsmöglichkeiten aus.

    Anderseits erfahren Jugendliche beispielsweise in Herausforderungs-Projekten, dass sie Anspruch auf Lernen nicht nur in der Schule haben, sondern dass z. B. ein selbst-gesuchter Experte bereit ist, sie in seinen Arbeitsalltag einzuführen und ihnen bestimmte Aufgaben zu überlassen, die sie dann verantwortungsvoll ausführen können. Sie erleben, dass sie durch Informationen, die sie einholen, weil sie ein Thema interessiert, wiederum Erwachsene informieren und zu Entscheidungen beitragen können. Sie präsentieren außerhalb der Schulöffentlichkeit ein erarbeitetes Stück oder nutzen bereits vorhandene Fähigkeiten, um ihren Aufenthalt zu finanzieren oder Spenden einzuwerben.

2. Hinzu kommt als oftmals verborgene Entgrenzung die unkontrollierte, nicht eindeutig abgrenzbare pädagogische Zuständigkeit für vormals un-pädagogisierte, private Lebensbereiche. So werden beispielsweise private Reisen oder Aktivitäten, die man mit einer Jugendgruppe unternehmen kann, nun auch schulisch inszeniert. Damit einher gehen neue Herausforderungen u. a. hinsichtlich der Wahrnehmung der Ablehnungsrechte und Rückzugsmöglichkeiten vor solchen pädagogischen Bemühungen: Es wird schwieriger als Kind

und Jugendliche_r pädagogische Bemühungen abzulehnen oder sich ihnen zu entziehen. Diese entgrenzenden Aspekte von Entschulung sind deshalb so problematisch, weil sie die pädagogischen Selbst-Begrenzungen potenziell verschieben oder gar aufheben, obwohl diese für die Autonomie der Kinder und Jugendlichen professionstheoretisch als unbedingt notwendig identifiziert wurden. Schonräume vor pädagogischer Übergriffigkeit und Möglichkeiten individueller Lebens(gegen)entwürfe werden verkleinert.
3. Ein dritter Aspekt der Entgrenzung entsteht durch ein *postuliertes Gleichheitsideal*: Der mit einer Entschulung der Schule verbundene „weite Lernbegriff" weist Parallelen mit dem reformpädagogischen Ideal einer Verschmelzung von Schule und Lebenswelt auf, einer Einheit von Erwachsenenwelt und Welt der Kinder und Jugendlichen. Dies ist insofern problematisch, als so getan wird, als seien die Interessen der älteren und der jüngeren Generation identisch. (Allerdings stellt sich in machen der Projekt-Situationen den Jugendlichen gerade erst die Frage nach diesem Unterschied, z. B. wenn sie sich in eine Arbeit vor Ort engagiert, aber unbezahlt einbringen). Die Dialektik potenziell unterschiedlicher Interessen der Beteiligten läuft Gefahr einseitig aufgelöst zu werden. Pädagogische Machtstrukturen weiten sich so – unkontrolliert und hinter einer Rhetorik von Freiraum und Ermöglichung versteckt – auf alle Lebensbereiche aus und gefährden die Autonomie der Kinder und Jugendlichen (Hecht 2009).
4. Schließlich muss als weiterer Aspekt von Entgrenzung die *Verlagerung von Lernen an öffentliche Orte* genannt werden, an denen die Kinder und Jugendlichen, so die Befürchtung, schutzloser sind und damit (z. B. sexuelle) Übergriffe leichter möglich sein könnten. Umgekehrt sind gerade geschlossene Systeme, nicht öffentliche Orte besonders anfällig für Übergriffe und (Macht- oder Vertrauens-)Missbrauch.

4.4.3 Sechs weitere Kritiklinien an Entschulung von Schule

1. Die Frage der schulischen Zuständigkeit

Manche Kritiker_innen sprechen der Schule die Zuständigkeit für die Themenbereiche ab, an denen in entschulten Projekten gelernt wird: Schule solle sich einzig auf die Lehrplanvorgaben konzentrieren. Alles andere sei Privatsache: Jugendliche könnten in der Freizeit an den Angeboten von Jugendorganisationen, Sportvereinen, Kirchen, Musikschulen und anderen gesellschaftlichen Organisationen sowie von privaten Anbietern teilnehmen.

2. Die Frage der Entschulungsdauer

Ähnlich wie beim Sprachaustausch zeigen Beobachtungen der einmaligen individuellen Herausforderungs-Projekte, dass die Projektzeit mit 1–3 Wochen vergleichsweise kurz ist: Jugendliche müssen sich auf bestimmte Probleme, wie Heimweh, Probleme mit einer Gastfamilie oder Gruppenkonflikte nicht ernsthaft einlassen, sie können die Zeit „aussitzen"; daher werden die damit verknüpften Entwicklungsaufgaben u. U. nicht bearbeitet und neue Kompetenzen können nicht erworben werden. Anders ist das offenbar bei mehrjährigen/wiederholten Projekten wie beispielsweise an der Evangelischen Schule Berlin Zentrum.

3. Die Frage nach echten Lernzuwächsen

Es werden Zweifel geäußert, ob in Entschulungsprojekten überhaupt etwas gelernt wird oder ob das nur Spielerei, also schulisch organisiertes Freizeitvergnügen sei, während anderer Lernstoff gekürzt werden muss. Zumindest schulisch relevantes Lernen in diesen Projekten wird infrage gestellt. Diese Frage ist bisher – abgesehen von den Erfahrungen der Jugendschule Schlänitzsee – empirisch nicht untersucht worden (siehe Abschn. 5.3).

4. Die Mitbestimmungsfalle

Entschulungs-Projekte, die insbesondere auf Mitbestimmung und Teilhabe setzen, laufen Gefahr, dass sich genau dies zu einem didaktischen Zwangsmittel wandelt. Da bei einer Schulveranstaltung nicht von einer freiwilligen Teilnahme ausgegangen werden kann, *müssen* die Kinder und Jugendlichen mitbestimmen und sehen sich dann mit der Argumentation konfrontiert: „Du hast es so gewählt, also musst Du es jetzt auch machen und zwar möglichst engagiert."

5. Die Überidealisierung

Hentigs Anspruch, Schule möge als Anregung für die Gesellschaft dienen und ihr helfen, den eigenen Systemzwängen zu entkommen, scheint ein zu hohes, ein unerreichbares Ideal. Ein solcher Anspruch könnte dazu führen, Entschulung „mit Rosinen im Kopf und Blei in den Füßen" (Müller 1991, S. 14) zu sehen und angesichts des nicht einlösbaren Anspruchs zu resignieren. Oder der unzureichende verschulte Alltag wird durch das hehre Ziel legitimiert, nach dem Motto: Wenn das Ziel nur hoch genug auf dem Sockel steht, lebt es sich in dessen Schatten recht bequem. Schule, so die Gegenthese, hat als Institution strukturell eher eine konservierende Tendenz als eine gesamtgesellschaftlich relevante innovierende Vorreiterfunktion.

6. Die Festigung verschulter Schule

Entschulungsformen, die gezielt den Rahmen von Unterricht verlassen, sind konzeptionell häufig mit der Hoffnung verbunden, dass nicht nur die Jugendlichen mit neuen Erfahrungen in die Schule zurückkehren, sondern auch die Lehrer_innen ihren Blick auf die Jugendlichen in Frage stellen und dass dieser neue Blick zu Veränderungen des normalen Unterrichts führen könnte. Dann müssten die Selbst- und Mitbestimmungsrechte der Jugendlichen deutlich mehr Gewicht bekommen. Ein Verdacht lautet allerdings: Die Jugendschule und die Herausforderungen sind ein Ventil, um jugendliche Devianz abzupuffern. Die Heranwachsenden sollen sich einige Wochen (sinnvoll) austoben und ihre Selbstwirksamkeit steigern, um wieder besser in das dadurch letztlich gefestigte Korsett der Schule zurückzukehren. Damit erhält die Arbeit an Herausforderungs-Projekten im Schulkonzept eine Alibifunktion, zumal Vorbereitung und Mitorganisation viel Engagement und Zeit der Lehrer_innen absorbieren, die dann für strukturelle Veränderungen fehlt.

Reflexionsfragen zu Kap. 4
- Wenn es stimmt, was einige Studien über Heranwachsende behaupten (erhöhte körperliche Unruhe, sinkende Konzentrationsfähigkeit, abgeschwächte mentale Kontrolle, Launenhaftigkeit, verunsicherte Selbstwahrnehmung …), sollte Schule die entscheidende leistungsorientierte Qualifizierung (Schulabschlüsse) dann in diese Zeit legen?
- Welche der Ziele/welche Bearbeitungsmöglichkeiten der Entwicklungsaufgaben sehe ich in den skizzierten Fallbeispielen und den vorgestellten Modellen umgesetzt?
- Lehrer_innen und Eltern sehen nach Entschulungsprojekten oft neue Entwicklungen und Kompetenzen bei den Jugendlichen. Wie kann/müsste die Schule dies nutzen oder soll sie darauf vertrauen, dass die Jugendlichen selbst neue Aufgaben und Inhalte einfordern?

Literatur

Andresen, S. (2008). *Entgrenzung*. In T. C.-U. Otto (Hrsg.), *Grundbegriffe Ganztagsbildung. Das Handbuch* (S. 832–840). Wiesbaden: Springer VS.

Eikenbusch, G. (2014). *Bloß keine falschen Herausforderungen! Ein Zwischenruf gegen Verteufelung oder Idealisierung von Pubertät.* Pädagogik 66(7/8), S. 29.

Engelmann, S. (2016). *„Gerade die Straße haben wir zur Lehrmeisterin des Kindes gemacht" – Pavel P. Blonskijs Konzept informellen Lernens.* Vortrag auf dem internationalen Symposium „Bildung als Landschaft – Zum Verhältnis von formellen und informellen Lern- und Bildungsprozessen sowie formalen und non-formalen Bildungsorten" an der Universität Bamberg. 2.12.–3.12.2016.

Fend, H. (2000). *Entwicklungspsychologie des Jugendalters: Ein Lehrbuch für pädagogische und psychologische Berufe.* Opladen: Leske + Budrich.

Fölling-Albers, M. (2000). *Entscholarisierung von Schule und Scholarisierung von Freizeit?: Überlegungen zu Formen der Entgrenzung von Schule und Kindheit. Zeitschrift für Soziologie der Erziehung und Sozialisation, 20* (2), S. 118–131.

Göppel, R. (2005). *Das Jugendalter: Entwicklungsaufgaben, Entwicklungskrisen, Bewältigungsformen.* Stuttgart: Kohlhammer.

Gudjons, H (2001). Handlungsorientiert lehren und lernen. Schüleraktivierung, Selbsttätigkeit, Projektarbeit. Bad Heilbrunn

Hageresch, A., Hartmann, U., Hecht, M., Kullmann, H., & Wachendorff, A. (2011). *Entschulung im Jahrgang 8 der Laborschule. Bestandsaufnahme bisheriger Elemente der Entschulung sowie Planung und Durchführung weitergehender Entschulung.* In N. Freke, B. Koch, H. Kullmann, A. Textor & D. Timmermann (Hrsg.), *Laborschulforschung 2011-2013: Projekte im Forschungs- und Entwicklungsplan.* Werkstatthefte Nr. 46 (S. 95–106). Bielefeld. Erfahrungsbericht

Hageresch, A., Hartmann, U., Hecht, M., & Wachendorff, A. (2013). *Entschulung im Jahrgang 8 der Laborschule. Evaluation der Entschulungsprojekte 2011 und 2012. Weiterführung in zwei folgenden Jahrgängen. Diskussion einer möglichen Implementation mit allen Beteiligten.* In N. Freke, B. Koch, V. Kümmel, H. Kullmann, A. Textor & C. T. Zenke (Eds.), *Laborschulforschung 2013–2015: Anträge und Berichte zum Forschungs- und Entwicklungsplan.* Werkstattheft Nr. 48 (S. 67–91). Bielefeld. Erfahrungsbericht

Havighurst, R. J. (1974). *Developmental tasks and education* (3. Aufl.) New York: McKay.

Hecht, M. (2009). *Selbsttätigkeit im Unterricht. Empirische Untersuchungen in Deutschland und Kanada zur Paradoxie pädagogischen Handelns.* Wiesbaden: VS-Verlag.

Hecht, M., & Hartmann, U. (2014). *8 Wochen in Jahrgang 8. Das Entschulungsprojekt >>Schlaraffenland<<.* Pädagogik, 66 (7–8), S. 12–15. Erfahrungsbericht

Hentig, H. v. (1971). *Cuernavaca oder: Alternativen zur Schule?* Stuttgart.

Hentig, H. v. (2007). *Bewährung. Von der nützlichen Erfahrung nützlich zu sein.* Weinheim.

Hunner-Kreisel, C. (2008). Jugendliche. In T. Coelen & H.-U. Otto (Eds.), *Grundbegriffe Ganztagsbildung* (1. Aufl. S. 40–48). Wiesbaden: Springer VS

Hurrelmann, K./Quenzel, G. (2016). *Lebensphase Jugend.* (3. Aufl.) Weinheim: Juventa.

Hüttl, T. (2014). *In die weite Welt hinaus.* Süddeutsche Zeitung Magazin (45).

Jürgens, E., & Greiling, A. (2012). *Projekt „Jugendschule Schlänitzsee" der Montessori-Gesamtschule Potsdam.* Bericht zur wissenschaftlichen Begleitung (4. Aufl.) Bielefeld.

Jürgens, E., & Greiling, A. (2014a). *Ein reformpädagogisches Schulentwicklungsprojekt zum veränderten schulischen Lernen in der Pubertät.* Schulpädagogik heute 5(10), S. 1–17.

Jürgens, E., & Greiling, A. (2014b). *Jugendschule Schlänitzsee. Veränderung der Lernkultur durch „Entschulung".* Pädagogik 66(7/8), S. 24–28.

Kegler, U. (2014). *Wo sie wirklich lernen wollen. 7 Jahre Jugendschule Schlänitzsee.* Weinheim. ?= Erfahrungsbericht

Makowski, T. (2012). *„Das ist eine große Herausforderung, da muss ich aufpassen!: " Erfahrungslernen als alternativer Zugang zum Lernen während Pubertät und Adoleszenz in theoretischer Diskussion und pädagogischer Praxis am Beispiel der „Jugendschule Schlänitzsee" der Montessori-Oberschule Potsdam.* (Unveröffentlichte Masterarbeit, Universität Bielefeld).

Montessori, M. (2015): Von der Kindheit zur Jugend: Zum Konzept einer „Erfahrungsschule des sozialen Lebens" (Hrsg.: Ludwig, H., & Klein-Landeck, M). Freiburg im Breisgau: Verlag Herder.; Hier insbeondere das Kapitel Sekundarschule S. 82–136

Montessori, M. (1966): Von der Kindheit zur Jugend. (Hrsg. von Neise, K.; Oswald, P.). Freiburg ; Basel, Wien : Herder. Schriften des Willmann-Instituts, München, Wien

Montessori, M. (1997): Kosmische Erziehung: Die Stellung des Menschen im Kosmos. Menschliche Potentialität und Erziehung. Von der Kindheit zur Jugend (4. Aufl . Hrsg. Oswald, P.; Schulz-Benesch, G.). Freiburg im Breisgau [u.a.]: Herder.

Müller, B. (1991). *Die Last der großen Hoffnungen. Methodisches Handeln und Selbstkontrolle in sozialen Berufen.* Weinheim.

Quenzel, G., & Hurrelmann, K. (2014). Entwicklungsaufgaben im Jugendalter. Sozialmagazin(9-10), S. 6–13.

Raapke, H.-D. (1998). Montessoris Erdkinderplan zur Reform der Sekundarstufe — Ein Kommentar. Oldenburg.

Rousseau, J. J. (1958). *Emile oder über die Erziehung.* Paderborn.

Schäfer, K (2015): *Erziehung und Bildung von Kindern und jungen Menschen im Alter von 1 bis 18 Jahren nach Prinzipien der Montessori Pädagogik.* http://www.montessorizentrum-muenster.de/lehre/montessori-p%C3%A4dagogik/sekundarschule/ Zugegriffen: 7. Dezember 2015.

Schenk, B. (2004): *Der Bildungsgang.* In: M. Trautmann, (Hrsg.). Entwicklungsaufgaben im Bildungsgang. Weisbaden: VS Verlag für Sozialwissenschaften. S. 41–47.

Trautmann, M. (2004). *Entwicklungsaufgaben im Bildungsgang.* Wiesbaden: VS Verlag für Sozialwissenschaften.

Wabnitz, R. J. (2013). *Der 14. Kinder- und Jugendbericht. Überblick über Ziele, Strukturen und wesentliche Inhalte.* Unsere Jugend 65(4), S. 169–184.

Zárate, A. d. T., Jamila; Ehrenschneider, Lara-Luna. (2014). *Wie wir Schule machen. Lernen, wie es uns gefällt.* München: Knaus.

Entschulung erforschen 5

> **Zusammenfassung**
>
> Im 5. Kapitel werden Forschungsergebnisse zu den bisher realisierten Entschulungsansätzen zusammengefasst. Dabei werden zunächst die Schwierigkeiten dargestellt, auf die Forschung in diesem Bereich stößt: Dokumentationen und Erfahrungsberichte entsprechen nicht immer den Standards einer empirischen Wissenschaftlichkeit. Der Forschungsstand zur Entschulung der Schülerinnen und Schüler wird in Bezug auf Homeschooling als Oberbegriff und zum Freilernen und informellen Lernen im Speziellen zusammengefasst. Die Entschulung der Schule wurde von Jürgens und Greiling (2012) durch eine groß angelegte Evaluation der im 4. Kapitel dargestellten Jugendschule Schlänitzsee untersucht. Dazu werden andere empirische Arbeiten sowie Forschungsergebnisse zu Ansätzen, die der Entschulung der Schule ähneln, genannt.

5.1 Empirische Forschung zur Entschulung der Gesellschaft

Da die Entschulung einer ganzen Gesellschaft nach den Vorstellungen von Illich bislang nicht verwirklicht worden ist, können hier keine Studien vorgestellt werden, die die von Illich erhofften gesellschaftliche Auswirkungen einer entschulten Gesellschaft untersuchen. Zu den von Illich beschriebenen Lernformen in einer entschulten Gesellschaft lassen sich jedoch durchaus Untersuchungen finden.

Im Rahmen von historischer Bildungsforschung werden beispielsweise die Walz von Handwerksburschen oder die Situation von Kindermädchen im 19. Jahrhundert untersucht (Becher 1995; Elkar 1999; Hobsbawm 1965; Vosahliková 1996). Handwerkslehrlinge gingen (und gehen teilweise heute noch) für mehrere Jahre auf Wanderschaft, um unterwegs bei verschiedenen Meistern ihre Fähigkeiten zu erweitern. Junge Mädchen aus ärmeren Familien wurden als Kindermädchen in reichere Familien geschickt, wo sie als billige Arbeitskräfte auch lernen sollten, einen Haushalt zu führen. Auch wenn die Untersuchungen einige Aspekte beschreiben, die Illichs Vorstellungen eines Lernens von Expert_innen ähneln und die Handwerksburschen sich in manchen Bereichen eine gewisse Autonomie auch im Lernen erkämpfen konnten, betonen die Studien das weitaus größere Gewicht der finanziellen und sozialen Abhängigkeit von den jeweiligen Dienstherren.

Ethnologische Studien über noch nicht verschulte Gesellschaften, z. B. bei bestimmten indigenen Völkern in Brasilien, (informelles) Lernen in sogenannten Entwicklungsländern mit noch nicht voll ausgebildeten Schulsystemen weisen verschiedene Organisationsformen eines „Learning by Doing", eines Lernens durch Mittun, eines Lernens durch dabei Sein und Formen von Meister_in-Lehrling-Konstellationen auf. Diese sind aber auffälligerweise eben nicht als Lernmarktplatz organisiert, wie sich das Illich für eine (post)moderne entschulte Gesellschaft wünscht, sondern häufig in vergleichsweise restriktive Strukturen eingebunden, mit genauen Regelungen, wer mit welchem Status welche Lernmöglichkeiten ergreifen darf (vgl. Lave und Wenger 1991; Wohlfahrt 2014).

In historischen und aktuellen Beschreibungen über die Bildungsversuche in oder nach schweren Krisen und Kriegen, beispielsweise bei der Versorgung von Kriegswaisen nach dem 1. Weltkrieg in Wien und dem Unterricht von geflüchteten Kindern, zeigen sich durchgehend Versuche, Bildung über das Etablieren einer geregelten schulischen Struktur (wieder) herzustellen, und bislang keine Stärkungen von Lernmöglichkeiten, die den Vorstellungen einer entschulten Gesellschaft entsprechen (vgl. Bernfeld 1974).

Durchaus ergiebige Forschungsergebnisse lassen sich für die in einer Entschulung der Gesellschaft betonten individuellen Lernformen finden. Der Forschungsstand wird in den folgenden Abschnitten dargestellt: zu Freilernen und informellem Lernen beispielsweise in der offenen Jugendarbeit (Abschn. 5.2), zur empirischen Forschung einer Entschulung der Schüler_innen (Abschn. 5.2) und zur empirischen Forschung einer Entschulung der Schule (Abschn. 5.3).

5.2 Empirische Forschung zur Entschulung der Schüler_innen

5.2.1 Homeschooling – zwischen Hausunterricht und Freilernen

Zu Homeschooling (in allen seinen Formen zwischen Hausunterricht und Freilernen) existiert bereits eine ganze Reihe von Forschungsarbeiten, insbesondere aus den USA. Empirische Befunde zum Homeschooling (z. B. über Familienhintergründe, Kosten, Verhältnis zum öffentlichen Schulwesen, Schulerfolg, soziale Entwicklung und Leben nach der Schule) sind jedoch schwierig zu interpretieren, da schon die Auswahl der Erhebungsgruppe problematisch ist: Man erreicht nicht alle Gruppen. Die Erkenntnisse können daher bislang noch nicht als verlässlich bezeichnet werden. So stellt beispielsweise Murphy (2012) fest, dass es zwar auch hier einen lebhaften Diskurs sowie Konzepte, Ratgeber und Erfahrungsberichte gebe, diese jedoch der wissenschaftlichen Fundierung entbehrten. Die einzelnen „Mini-Schulen" mit ihren jeweils wenigen Schüler_innen seien nicht zentral organisiert und damit schwer erreichbar. Oftmals werde versucht, die Effekte des Homeschooling mit denen öffentlicher Schulen zu vergleichen. Dabei werde missachtet, dass viele Eltern ganz andere Absichten verfolgen und andere Effekte bewirken wollen, die mit den vielfach genutzten schulischen Leistungstests gar nicht messbar sind. Auch müsste der gesamte Familienhintergrund durchleuchtet und methodisch kontrolliert werden, um Ergebnisse eindeutig dem Homeschooling zuschreiben zu können und Faktoren, wie den sozioökonomischen Stand der Familie, auszuschließen. Problematisch sei auch die Auswahl der Probanden. Es komme dabei zur Selektion hinsichtlich guter und schlechter Beispiele und damit zur einseitigen Ausklammerung unpassender Homeschooler_innen.

Trotz dieser gewichtigen Einschränkungen sollen im Folgenden zusammenfassende Forschungsergebnisse und -probleme zu ausgewählten Aspekten vorgestellt werden. Als Literaturgrundlage dient, soweit nicht anders angegeben, das Überblickswerk von Murphy (2012).

5.2.1.1 Die Problematik des inhomogenen Konzepts
Da Homeschooling im relativ geschlossenen Kreis der Familie geschieht und in unterschiedlichsten Einzelhaushalten praktiziert wird, ist es als inhomogenes Konzept schwer zu erfassen. Homeschooling stellt sich als soziale Bewegung dar. Bei empirischen Untersuchungen wurden die Gründe der Eltern für Homeschooling in der Regel nicht erhoben. Cizek (1993) weist darauf hin, dass es wichtig sei, die in-

dividuellen Bildungsziele der Eltern zu dokumentieren, mögliche Unterschiede in Lernprozessverläufen zu rekonstruieren und darauf zu beziehen.

5.2.1.2 Die Untersuchung des sozialen Lernens und der gesellschaftlichen Isolation

An Homeschooling wird kritisiert, dass es einen negativen Einfluss auf soziales Lernen und soziale Beziehungen haben könne. Die öffentliche Schule als Ort sozialer Netzwerkbildung entfalle; damit werde der gesellschaftliche Zusammenhalt gefährdet und Ungleichheit reproduziert oder gar erst hervorgerufen. Wissenschaftlich nachgewiesen wurden eher gegenteilige Effekte. So besagt eine Studie, dass Homeschooling-Kinder sogar mehr und mit vielseitigeren Aktivitäten am öffentlichen Leben teilnehmen als Schüler_innen staatlicher Schulen. Homeschooler_innen demonstrieren in diversen Forschungsarbeiten ein – an der gesellschaftlichen Norm orientiert – angemessenes Sozialverhalten. So wurde beispielsweise festgestellt, dass Homeschooler_innen ihren an staatlichen Schulen unterrichteten Gleichaltrigen hinsichtlich Selbstvertrauen, Selbstsicherheit und Anpassungsgabe überlegen seien und gute Führungsqualitäten besäßen (vgl. z. B. Montgomery 1989).

5.2.1.3 Der Vergleich akademischer Leistungen

In den USA haben Vergleiche mit nationalen Schulleistungsstandards zu eindeutigen Ergebnissen geführt: Vergleicht man Schüler_innen öffentlicher Schulen und Homeschooling-Kinder, schneiden letztere entweder gleich oder besser ab. Rudner (1999) schließt aus seiner Studie, dass zu Hause unterrichtete Kinder in den Klassen 1–4 den Kindern in staatlichen Einrichtungen ein Jahr voraus waren, die der Klassenstufe 8 sogar vier Jahre. Variablen der Umwelt und des Familienhintergrundes hätten beim Homeschooling weniger Einfluss als in öffentlichen Schulen. Es sei der Trend auszumachen, so Murphy, dass Schulleistungs-Unterschiede aufgrund von Geschlecht oder Migrationsstatus bei Homeschooling geringer ausfallen. Homeschooling könnte demnach Faktoren beinhalten, die dazu beitragen, Bildungschancen von Benachteiligten auszugleichen. Welche Faktoren dies jedoch konkret sind, konnten die Studien bislang nicht zeigen.

Auch bei den Untersuchungen zu den akademischen Leistungen von Homeschooler_innen ist jedoch Skepsis geboten: Es besteht keine genügend methodische Kontrolle der möglichen Einflussfaktoren. Damit ist es schwierig nachzuweisen, ob die Leistungen wirklich auf die Lehr- und Lernformen des Homeschooling zurückzuführen sind. Die Gesamtheit der wissenschaftlichen Studien wird aber in manchen wissenschaftlichen Arbeiten als indirektes Indiz für positive Zusammenhänge von Homeschooling und akademischen Leistungen interpretiert.

5.2.2 Freilernen und informelles Lernen von Kindern und Jugendlichen

Speziell zum Freilernen als eine besondere Form des Homeschooling gibt es nur wenige Erfahrungsberichte oder Dokumentationen. Eine systematische empirische Untersuchung liegt noch nicht vor. Bemühungen insbesondere aus dem Kreis des Freilernens, das Konzept wissenschaftlich zu fundieren, sind jedoch feststellbar. Daraus könnten belastbare empirische Studien entstehen. Diese müssen allerdings, wie bei anderen Studien mit möglichen Interessenskonflikten von Forschung und Konzeptentwicklung auch, besonders kritisch hinsichtlich ihrer wissenschaftlichen Neutralität geprüft werden.

Thomas weist darauf hin, dass unsere Kenntnisse über die eigentlichen informellen Lernprozesse von Kindern im Schulalter relativ gering sind. Es gebe zwar viele persönliche Berichte von Freilernenden und entsprechende Ratgeber, die meisten davon seien aber ideologisch gefärbt (Thomas 2002, S. 2).

Studien zu informellem Lernen gibt es insbesondere im Bereich junger Erwachsener aus bildungsfernen Schichten mit der Fragestellung, wie diese eine positive Haltung zu Bildung entwickeln. Ebenso gibt es Untersuchungen im Bereich beruflicher Bildung (z. B. Lave und Wenger 1991) und im Bereich Spracherwerb und der Aneignung kultureller Regeln in der frühen Kindheit.

Für das Alter ab dem Schuleintritt gibt es kaum Studien. Auffällig ist dabei, dass Kinder vor Eintritt in die Schule durch informelles Lernen durchaus auch kognitive Fähigkeiten entwickelt haben: z. B. neben dem komplexen Spracherwerb auch ein Buchstaben- und Zahlenverständnis (vgl. Elschenbroich 2001).

Eine Möglichkeit, informelles Lernen von Kindern im Schulalter zu erforschen, wäre nach Thomas, die Untersuchung von sogenanntem Street-Learning, also wie Kinder, die z. B. als Straßenhändler arbeiten müssen, Mathematik lernen (vgl. z. B. Carraher et al. 1985; Beckermann et al. 2006; Thomas 2002).

Ein anderes Feld zur Erforschung von informellen Lernprozessen sind eben Freilernende. Thomas selbst hat hier mit ersten Untersuchungen begonnen, sagt jedoch, dies seien nur erste Schritte in ein sehr komplexes Feld. Dokumentationsversuche sind (wie bei der Erforschung informellen Lernens in anderen Lebensaltern) aufgrund der Komplexität und der zeitliche Verläufe der Lernvorgänge sehr schwierig. Anzunehmen sei, dass das Lernen nach der individuellen Eigenlogik der Lernenden erfolgt: diffus, nicht linear, aber sehr effizient. Themen werden z. B. unfertig liegen gelassen und später auf deutlich höherem Niveau wieder aufgegriffen, ohne dass zwischenzeitlich eine Beschäftigung mit dem Thema erkennbar war. Alltagsgespräche scheinen eine wichtige Rolle zu spielen, aber auch die Alltagskommunikation folgt einer eigenen Logik und verläuft nicht linear. Das so erfolgende Aufnehmen von Wissen nennt Thomas osmotisch. Wie die Lernenden sich daraus vernetzte Wissenslandkarten zusammensetzen, ist unklar.

Als weitere noch unbeantwortete Fragen nennt Thomas beispielsweise:

- Wie geschieht „learning by simply being around" von Kindern im Schulalter?
- Ist informelles Lernen wirklich spontan oder nutzen Eltern und andere Erwachsene gezielt sich ergebende Lernsituationen?
- Beinhaltet informelles Lernen versteckt in die Kind-Eltern-Interaktion eingebettet gegebenenfalls sogar mehr „direct instruction" als formales Lernen in der Schule?
- Welche Rolle spielt selbstreguliertes Lernen, insbesondere bei älteren Kindern und Jugendlichen?
- Wie hängen informelles Lernen und formales Lernen bei Kindern, die zur Schule gehen, zusammen?

(vgl. Thomas 2002, S. 8)

Das empirische Grundwissen über informelles Lernen im Schulalter ist also dünn. Umgekehrt gibt es, so Thomas, aber auch keine empirische Grundlage dafür, dass formale Bildung und der Schulbesuch Voraussetzung dafür sind, im Erwachsenenleben zu bestehen (Thomas 2002, S. 4).

5.3 Empirische Forschung zur Entschulung der Schule

Bereits ab den 1920er-Jahren lassen sich Dokumentationen und Erfahrungsberichte zu Aspekten der Entschulung der Schule finden, z. B. Bernfeld: 1921 (1974), Montessori et al.: 1923 (2015), Lazarsfeld und Wagner 1924, Makarenko: 30er-Jahre (1961) – bis hin zu Beschreibungen aktueller Projekte, z. B. Rasfeld (2004), Grube und Lansch (2004), Butt (2014), Kegler (2014), Greenberg und Wilke (2014). Gemeinsam ist diesen höchst unterschiedlichen Texten, dass sie eher programmatisch oder konzeptionell ausgerichtet sind. Empirische Untersuchungen im wissenschaftlichen Sinn stellen sie nicht dar.

In Abschn. 5.2.1 werden zunächst Studien vorgestellt, die zwar auf empirisch breiterer Basis stehen, sich jedoch nicht direkt auf Entschulungsprojekte beziehen, sondern nur auf Lernsituationen, die strukturelle Ähnlichkeiten mit Entschulungsprojekten aufweisen und deren Ergebnisse in gewisser Weise übertragbar sind. In Abschn. 5.2.2 werden (vorwiegend studentische) Forschungsarbeiten vorgestellt, die sich direkt auf einzelne Schulen und ihre Entschulungsprojekte beziehen, die jedoch nur sehr begrenzte empirische Reichweiten aufweisen.

5.3.1 Studien zu Teilaspekten von entschulter Schule

Ergebnisse aus Forschungsarbeiten über Lernsituationen, die sich zwar nicht unmittelbar auf Entschulungsprojekte beziehen, jedoch strukturelle Ähnlichkeiten aufweisen, lassen sich wie folgt zusammenfassen:

Manche Varianten der Entschulungsprojekte ähneln verlängerten *Klassenfahrten*. Obwohl Klassenfahrten aus der deutschen Schullandschaft kaum wegzudenken sind, liegen abgesehen von einer Vielzahl von Abschlussarbeiten zu Teilaspekten keine umfassenden empirischen Wirkungsstudien vor.

Entschulungsprojekte, die gesellschaftliches Engagement und fachliches Lernen verbinden, ähneln Ansätzen des sogenannten *Service Learning*.

▶ **Service Learning** (als Idee aus den USA stammend) kombiniert kognitives Lernen mit der Übernahme von Verantwortung. Im Gegensatz zu Entschulungsprojekten ist eine enge curriculare Verknüpfung mit schulischem Fachunterricht zentraler konzeptioneller Bestandteil von Service Learning.

So entwickeln Schüler_innen beispielsweise naturwissenschaftliche Experimente für Vorschulkinder, bringen sich aktiv in der Städteplanung ihres Schulbezirks ein oder bieten Computertrainings für Senior_innen an. (vgl. Seiffert et al. 2012, S. 22 ff.) Die Auswirkungen sind umfassend erforscht. Service Learning wirkt sich positiv auf soziale Kompetenzen und Persönlichkeitswachstum aus. Es steigert Lernmotivation und Anstrengungsbereitschaft. Hinsichtlich der Verbesserung von Testergebnissen in Schulfächern fallen die Ergebnisse jedoch uneinheitlich aus. Insbesondere wenn Jugendliche ein Mitspracherecht in den Projekten haben, zeigen sich positive Wirkungen auf demokratische Einstellungen und bürgerschaftliches Engagement (vgl. z. B. Seifert und Zentner 2010). Durch die enge Kopplung von Service Learning und schulischem Fachunterricht relativiert sich die Übertragbarkeit der Ergebnisse auf Entschulungsprojekte (vgl. z. B. Seifert und Zentner 2010, S. 11; Seifert 2011, S. 24).

Die Entschulungsprojekte mit der Betonung einer von Jugendlichen selbst entwickelten Aufgabenstellung ähneln langen *Projektunterrichtsphasen*.

▶ **Projektunterricht** ist eine an ganzheitlichen Aufgaben orientierte Lehr- und Lernform, die mehr Lebensnähe, Problembewusstsein und interdisziplinäres Denken sowie Selbstständigkeit und Kooperationsbereitschaft anstrebt. Er kann als Gegenentwurf zu Frontalunterricht mit vorproportionierten Lernschritten gesehen werden (vgl. Gudjons 2001).

Verschiedene Studien sagen unter anderem, dass Projektunterricht zu fachlichem und überfachlichem Lernzuwachs führt. Es werden andere Formen von Wissen und Fähigkeiten erworben, die dem Wissen in herkömmlichem, lehrerzentriertem Unterricht überlegen zu sein scheinen (vgl. Rengstorf und Schumacher 2010, S. 23, 52; Boaler 1998). Negative Lerneffekte durch Projektunterricht zeigen sich bei mangelnder Strukturierung und Überforderung (vgl. Schumacher et al. 2013, S. 71 f.).

Studien über *Epochenunterricht* oder *Ferieneffekte* könnten Auskunft geben, wie sich das Ausbleiben des kontinuierlichen Wissenszuwachses in mehreren verschiedenen Schulfächern und der generelle Wegfall von schulischem Unterricht über einen längeren Zeitraum auswirken.

▶ **Epochenunterricht** bedeutet, den gefächerten Stundenplan auszusetzen und einzelne Unterrichtsfächer für einen gewissen Zeitraum (z. B. mehrere Wochen) intensiv als Block zu unterrichten (daher der englische Name „block teaching"). Über das Schuljahr verteilt gleichen sich die Stundenanteile wieder aus. Epochenunterricht ist besonders an Waldorfschulen weit verbreitet.

Die Untersuchung von Epochenunterricht ist für Entschulung deshalb relevant, weil man daran zeigen könnte, wie sich der Wechsel von thematischen Intensivphasen und längerer Nichtbeschäftigung mit bestimmten Lerninhalten auf den Lernerfolg auswirkt. Die Ergebnisse sind jedoch uneinheitlich: Wieviel Unterrichtsstoff zwischen den Epochen vergessen wird, führt in Deutschland zwar zu Diskussionen, jedoch ohne umfassende empirische Grundlage. Manche US-amerikanische Studien sehen u. a. über positives Lern- und Schulklima vermittelte positive Lerneffekte durch Epochenunterricht. Andere Studien fanden ein schlechteres Abschneiden bei standardisierten Tests nach Epochenunterricht (vgl. z. B. Grebe-Ellis 2009; McCoy und Taylor 2000).

▶ Die Auswirkungen von längeren unterrichtsfreien Zeiten (z. B. Sommerferien) nennt man **Ferieneffekte**.

Erfahrungen zu Ferieneffekten sind in ähnlicher Weise für Entschulungsprojekte interessant, aber auch hier zeigen sich uneinheitliche Ergebnisse: In den USA können schichtspezifische Ferieneffekte nachgewiesen werden: Amerikanische Kinder aus höheren sozial-ökonomischen Schichten verzeichnen in den Ferien Lernzuwächse, während Kinder aus niedrigeren sozial-ökonomischen Schichten eine Stagnation bzw. sogar Verluste von Wissen verzeichnen. In Deutschland fand sich jedoch kein allgemeiner oder schichtspezifischer Ferieneffekt (vgl. Coelen und Siewert 2008).

5.3 Empirische Forschung zur Entschulung der Schule

Wirkungsstudien zu Angeboten der *Erlebnispädagogik* würden Rückschlüsse auf Entschulungsprojekte mit solchen Anteilen zulassen.

▶ „Unter werden alle pädagogischen Bemühungen verstanden, die mit Hilfe von pädagogisch nutzbaren Erlebnissen versuchen, pädagogische Ziele zu erreichen. Pädagogische nutzbare Erlebnisse lassen sich in drei Prototypen unterscheiden: Tätig sein, selbstständig Entdecken und herausragende Ereignisse" (Ernst 2001, S. 26).

Erlebnispädagogische Erfahrungen werden häufig in Form von mehrtägigen Kursen angeboten. Untersuchungen zeigen uneinheitliche Effekte, z. B. in Bezug auf Selbstwertgefühl und soziale Fähigkeiten (vgl. Wilson und Lipsey 2000). Ein eindeuiger Befund scheint zu sein, dass die positiven Effekte mit der Dauer der Kurse zunehmen (vgl. z. B. Eberle 2002).

Während sich die bisherigen Zusammenfassungen auf Bereiche erstreckten, die als relativ schulnah und unterrichtsförmig bezeichnet werden können, sollen abschließend möglicherweise übertragbare Erkenntnisse aus der Perspektive von Forschungen zur *offenen Jugendarbeit* betrachtet werden.

▶ „Das sozialpädagogische Handlungsfeld der **offenen Kinder- und Jugendarbeit** ist ein vielfältig strukturiertes, im Sozialgesetzbuch als öffentliche Aufgabe vorgesehenes, aber von freien wie öffentlichen Trägern gestaltetes, pädagogisches Handlungsfeld. Es umfasst die pädagogische Arbeit in Jugendfreizeiteinrichtungen, Kinder- und Jugendhäusern sowie auf Abenteuerspielplätzen. Es schließt die Jugendverbandsarbeit, die Jugendsozialarbeit und auch die politische, kulturelle und sportliche Kinder- und Jugendbildungsarbeit mit ein." (Cloos et al. 2009, S. 11).

Das Verhältnis von pädagogisch Intendiertem und der tatsächlichen Nutzung der Angebote durch die Jugendlichen kehrt sich in der offenen Jugendarbeit im Vergleich zur Schule um. Während sich in der Schule auf der „Vorderbühne" (vgl. Goffman 1990) die pädagogisch intendierten Lehr-Lern-Szenarien abspielen und die sozialen Beziehungen, Rivalitäten, Selbstinszenierungen usw. der Jugendkultur in Parallelwelten auf der Hinterbühne ausagiert werden, verhält es sich in Settings der Jugendarbeit umgekehrt. Auch wenn diese Strukturunterschiede teilweise – vehement und ideologisch verstärkt – von Vertretern der Jugendarbeit betont werden, so kommt es doch zunehmend zu Vermischungen von Angeboten in Einrichtungen der allgemeinen Jugendarbeit mit ihren Strukturmaximen der Offenheit, Partizipation und Freiwilligkeit und anderen Bildungseinrichtungen wie beispielsweise Ganztagsschulen (vgl. Schulz und Cloos 2010, S. 18). Studien zu

Effekten von Jugendarbeit zeigen uneinheitliche Ergebnisse. Es gibt Studien, die positive Wirkungen nachweisen, u. a. im Bereich von gewachsenem Selbstbewusstsein, Erlernen neuer Fähigkeiten, Treffen von Entscheidungen, sich Hilfe holen, sich Informationen beschaffen, Empathiefähigkeit oder dem Finden von Arbeitsplätzen. Andere (Meta-)Analysen zeigen keine signifikanten Wirkungen (vgl. z. B. Fouché et al. 2010; Lindner 2008; BMFSF 2005, S. 249 ff.). Im Rahmen von Untersuchungen zur Jugendarbeit wird auch informelles Lernen von Jugendlichen als sogenannte Alltagsbildung untersucht. Die Zusammenstellung dieser Ergebnisse aus dem Bereich der Jugendarbeit verweist jedoch wieder auf die Erhebungsproblematik. Es treten erhebliche methodologische Schwierigkeiten bei der Evaluation von informellen Lernprozessen auf, da sich Bildungsprozesse bei Jugendlichen nicht auf spezifische abgrenzbare Bildungsgelegenheiten rückbeziehen lassen. Dies gilt umso mehr, wenn es nicht nur um die Erhebung von (scheinbar) klar definierten Lerninhalten geht, sondern um so umfassende, schwer operationalisierbare Konzepte wie Bildung (vgl. Lave und Wenger 1991; BMFSJ 2005; BFSFJ 2013; Otto und Rauschenbach 2004; Rauschenbach 2011).

5.3.2 Studien zu aktuellen Projekten der Entschulung von Schule

An der Jugendschule Schlänitzsee haben Jürgens und Greiling (2012) die bislang einzige umfassende Begleitstudie zu einer Entschulung von Schule angefertigt. Eine Reihe akademischer Abschlussarbeiten, die sich der empirischen Untersuchung von Entschulungsprojekten widmen, nehmen häufig Teilaspekte genauer in den Blick. Viele dieser Arbeiten sind schwer zugänglich – weil sie unveröffentlicht bleiben, daher kann hier kein systematischer Überblick gegeben werden. Hinweise auf weitere Arbeiten sind stets willkommen.

5.3.2.1 Begleitstudie zur Jugendschule Schlänitzsee
Jürgens und Greiling (2012) entwickelten einen standardisierten Fragebogen und befragten 84 Jugendliche, 69 Erziehungsberechtigte und neun Lehrkräfte zur Wirksamkeit und Nachhaltigkeit des Lernens und Arbeitens im Entschulungsprojekt der Montessori-Oberschule Potsdam. Damit legen sie ihre Untersuchung *quantitativ* an.

▶ Qualitative und quantitative **Methoden der Sozialforschung** lassen sich verbinden, unterscheiden sich aber in wesentlichen Grundannahmen voneinander. Quantitative Methoden arbeiten mit der numerischen, standardisierten Darstellung empirischer Sachverhalte, indem sie z. B. mit geschlossenen Fragebögen in verschiedenen Gruppen eine Vielzahl von Aussagen erheben und mithilfe statistischer Mittel Zusammenhänge berechnen. Quantitative Sozialforschung versucht so soziale Phänomene *zu erklären*.

▶ Qualitative Sozialforschung geht davon aus, dass soziale Wirklichkeit von den sozialen Akteuren gemeinsam hergestellt wird. Eine objektive Welt wird erst durch subjektive (Be-)Deutungen relevant. Qualitative Forschung versucht diese Deutungen und Konstruktionen *zu verstehen*, indem sie die Konstruktionen sozialer Wirklichkeiten rekonstruiert. Es gibt eine Vielzahl qualitativer Forschungs-Methoden die nicht standardisierte Daten als Interpretationsgrundlage erheben, z. B. mittels offener, leitfadengestützter Interviews, Beobachtungen, Videografie.

Ziel der Evaluation war es herauszufinden, wie erfolgreich diese alternative Beschulung in der Jugendschule angesichts der Umbrüche im Leben der Heranwachsenden bereits umgesetzt wird. Die Studie leistet insofern Pionierarbeit für die Erforschung von entschulter Schule, als sie sich bemüht, begrifflich zu fassen, was in der Jugendschule eigentlich vor sich geht. Jürgens und Greiling greifen dabei auf Ansätze des Projektlernens zurück, theoretisieren den Jugendbegriff und erläutern den am Schlänitzsee aufgegriffenen Entschulungsbegriff. Sie identifizieren dabei die Partizipationsmöglichkeiten der Jugendlichen als ein maßgebliches Kriterium für das Gelingen der Entschulung. Entschultes Lernen wird von den Teilnehmer_innen als positiv wahrgenommen. Schulischer Unterricht und entschultes Lernen scheinen jedoch unverbunden nebeneinander zu stehen. Die von Greiling und Jürgens als noch nicht ausreichend eingeschätzte Partizipationsmöglichkeit führt laut der Studie dazu, dass das Projekt nicht von allen als Anregung wahrgenommen wird, um persönlich wachsen und sich entfalten zu können. Trotz positiver Gesamteinschätzung nennen die Jugendlichen weitere persönliche Entwicklungspotenziale, die sie noch nicht voll ausschöpfen konnten. Entsprechend schätzt die große Mehrheit der Befragten die Auswirkung auf das Selbstwertgefühl der Jugendlichen nicht als so positiv ein, wie erwartet. Es wird deutlich, dass das Projektlernen in der Jugendschule ein ergänzendes Konzept innerhalb der weiteren Unterrichtsdidaktik der Montessori-Schule Potsdam darstellt, nicht aber ein substanzielles.

Kritisch ist anzumerken, dass die quantitativ angelegte Untersuchung von Jürgens und Greiling relativ geringe Fallzahlen pro Befragungsgruppe enthält und die erstellten Indizes keine belastbaren Skalen erreichen. Außerdem fehlt der Studie eine externe Kontrollgruppe.

Die Studie von Jürgens und Greiling wurde von Makowski in einer qualitativ angelegten empirischen Masterarbeit ergänzt, in der er biografisch bedeutsame Momente von Jugendlichen in der Jugendschule nachzeichnet (Makowski 2012).

5.3.2.2 Untersuchungen des Forschungsverbundes HeRiS

Wissenschaftler_innen verschiedener deutscher Hochschulen haben sich in einem 2017 von Kerstin Helker (TU Eindhoven) und Matthias Rürup (Bergischen Universität Wuppertal) initiierten Forschungsverbund „HeRiS", (Herausforderung als schulische Innovation) zusammengeschlossen (https://www.ifb.uni-wuppertal.de/de/arbeitsbereiche/empirische-schulforschung/projekt-herausforderungen/forschung.html). Untersucht werden Gelingensbedingungen von Herausforderungs-Projekten als eine Form entschulter Schule. Der Forschungsverbund führt vergleichende Begleitforschung durch und bietet den beteiligten Schulen schulspezifische Rückmeldeberichte sowie Vernetzungsmöglichkeiten. Ein erster Evaluationsbericht gibt einen vorrangig deskriptiven Einblick in die Befunde der HeRiS-Befragung 2018, die an 13 Schulen mit über 750 Schüler_innen durchgeführt wurde. (vgl. Forschungsverbund HeRiS 2019 und Helker und Rürup in Vorber.). Es werden Kriterien zur Unterscheidung der verschiedenen Herausforderungs-Projekte mit Selbsteinschätzungen der teilnehmenden Schüler_innen in Bezug gesetzt. Unter anderem schätzen 80 % der Befragten ihr Herausforderungsprojekt als einen Erfolg ein, unabhängig von den konkreten Inhalten der Herausforderung. Herausforderungen sind ein Ort für jugendliches Autonomieerleben. Eine beachtenswerte Anzahl von Schüler_innen identifiziert sich selbst als verantwortlich (und ausschlaggebend) für das Gelingen der Herausforderung. Die Teilnehmer_innen schreiben dem Herausforderungsprojekt eine hohe Nützlichkeit für ihre persönliche, schulische und berufliche Zukunft zu.

5.3.2.3 Untersuchungen an der Laborschule Bielefeld

An der Laborschule Bielefeld wurden seit 2011 verschiedene Varianten von Entschulungsvorhaben ausprobiert, dokumentiert und ausgewertet, um Kriterien einer erfolgreichen Entschulung festzulegen.

Auf der Basis der bisherigen Erhebungen wurden folgende Kriterien für das Gelingen von Entschulungsprojekten benannt: die Partizipation und Mitbestimmung der Jugendlichen in Vorbereitung und Durchführung des Projekts, die Begegnung mit anderen, selbst gewählten Lerninhalten und die Möglichkeit anderer (informeller) Lernformen, der Nutzen eines Projekts für andere, die Bewältigung von echten Aufgaben, die von den Jugendlichen selbst verantwortet werden (vgl. Hecht und Hartmann 2014).

Ergebnisse, die alle diese Kriterien berücksichtigen und eine Einschätzung des Gesamtkonzepts ermöglichen würden, sind aus Bielefeld bisher noch nicht veröffentlicht worden. Im Rahmen der Bielefelder Schulprojekte sind jedoch eine Reihe von Abschlussarbeiten zu interessanten Teilaspekten entstanden:

In einer Masterarbeit über ein Entschulungsprojekt an der Laborschule Bielefeld haben Domres und Vosen Gruppendiskussionen einer 8. Klasse ausgewertet und Selbstwirksamkeitserwartungen untersucht. Die Schüler_innen bezeichnen das Lernen im Entschulungsprojekt als privater, konzentrierter und praktischer als im Schulunterricht. Als Lerninhalte und Lernergebnisse benennen sie u. a. die in einem Theaterprojekt erworbene Bühnenpräsenz, das Planen und Durchführen eines Projektes und ein gesteigertes Selbstbewusstsein. Kritisch merken sie die in diesem Projekt unzureichende Mitbestimmung an. Dennoch konnten sie sich in Bezug auf Partizipation einen gewissen Pragmatismus und Realismus aneignen. Weiter berichten Schüler_innen vom Lernen praktischer Fähigkeiten, wie beispielsweise im Umgang mit Maschinen, Medien und Präsentationsformen. Domres und Vosen entnehmen dem Datenmaterial, dass das Entschulungsprojekt vielen Bedenken und Verunsicherungen standhalten musste. So verbalisierten Eltern wie auch Lehrer_innen als Sorgen vor Projektbeginn die Gefährdung des Schulabschlusses wegen des verpassten Unterrichtsstoffs und eine Überforderung der Schüler_innen durch die hohe Selbstständigkeit und den Stress der Doppelbelastung. Im Rahmen ihrer Erhebungen zu Selbstwirksamkeitserwartungen der Jugendlichen in diesem Entschulungsprojekt und denen einer Kontrollgruppe stellen Domres und Vosen fest, dass sich die Selbstwirksamkeitserwartungen nur geringfügig veränderten. Sie stiegen in beiden Gruppen leicht an, sodass ein Zusammenhang zwischen Selbstwirksamkeitserwartung und dem Entschulungsprojekt nicht festgestellt werden konnte (vgl. Domres und Vosen 2012).

In einer qualitativen Studie, die auf Interviewdaten basiert, untersucht Funke (2017), inwiefern aus Sicht von Lehrer_innen die programmatischen Ziele eines Entschulungsprojekts erfüllt wurden. Dabei wird auch die Rolle der Lehrpersonen während der Entschulung und ihre Einstellung zu diesem Vorhaben in den Blick genommen. Funke weist auf die Mehrschichtigkeit und Widersprüchlichkeit in den Aussagen der Lehrer_innen zu Eigenständigkeit und Bevormundung der Jugendlichen hin, auf die nachträgliche Herstellung von Eigenständigkeit durch das Reden darüber und auf die von den Lehrpersonen angenommene Notwendigkeit der Anleitung zur Eigenständigkeit. Die Lehrpersonen zeigen auch in der Entschulungsphase Tendenzen zu belehren, zu bevormunden und Dank dafür zu erwarten. Sie führen verschulte Elemente in die Entschulung ein: Die Ziele der Entschulung werden auf schulische Art hinsichtlich schulisch verwertbarer Qualifikationen gemessen. Funke stellt fest: Eine Entschulung der Schule geht Hand in Hand mit einer Verschulung der Entschulung (vgl. Funke 2017).

Schindler (2016) untersucht anhand von Interviews mit zwei Schülerinnen, inwieweit Entschulungsprojekte zur individuellen Bewältigung von Entwicklungsaufgaben im Jugendalter beitragen. Die ausführlichen Analysen werden ergänzt durch eine Follow-Up-Befragung, in der deutlich wird, wie die Mädchen zwei Jahre nach ihrem Entschuldungsprojekt ihre eigene Entwicklung einschätzen und welche individuellen Entwicklungen sie auch lange nach dem Projekt auf dieses zurückführen. Zur Frage des Verhältnisses von formalem und informellem Lernen in einem Entschulungsprojekt lässt die Studie drei Formen der Kopplung erkennen: Erstens das Abwechseln von eher formalem und informellem Lernen (z. B. Lerntagebuch schreiben müssen und danach das Abendessen für eine ganze Hausgemeinschaft vorbereiten). Zweitens das Konkurrieren der beiden Formen (z. B. entweder an der Präsentation für den Projektabschluss zu arbeiten oder eine Wanderung mit einer Einheimischen zu unternehmen). Drittens das gegenseitige Verstärken von informellem und formalem Lernen (z. B. wenn bei einem Auslandsaufenthalt die Vorgabe Englisch zu lernen dazu führt, Kontakte mit Dorfbewohnern aufnehmen zu können).

Petersilie (2016) geht in einer Masterarbeit einer professionstheoretisch relevanten Frage nach: Entlang der von Helsper (1996) postulierten Antinomien pädagogischen Handelns fragt sie, ob sich diese Widersprüchlichkeit im Entschulungszusammenhang als Veränderung von der Lehrer_innenrolle zum Lerncoaching verschiebt. Diese Frage wird empirisch anhand von Tagebüchern von Begleitpersonen von Bielefelder Entschulungsprojekten untersucht. Insbesondere die Rolle der Begleitperson vor Projektbeginn, Strategien des Eingreifens, das Verhältnis von Begleitperson und Gruppe sowie die Metareflexionen der Begleitperson zur Frage von Eingreifen oder Aushalten werden rekonstruiert. Petersilie stellt mit Hilfe ihrer Analyseergebnisse die theoretischen Grundannahmen von Lerncoaching differenziert in Frage und macht auf die Notwendigkeit einer reflexiven Grundhaltung und das Aushalten von Ungewissheit als konstitutive Elemente professionellen pädagogischen Handelns aufmerksam. Die scheinbar zurückgenommene Rolle von Begleitpersonen bei Entschulungsprojekten wird als pädagogische Aufgabe identifiziert.

Adler (2017) geht in einer auf Videoanalysen basierenden Staatsexamensarbeit der Frage nach, wie sich Teilnehmende in informellen Lernsituationen gegenseitig zeigen, dass etwas gelernt wird und worin sich Lernsituationen in Entschulungsprojekten möglicherweise von Lernen im Unterricht unterscheiden. Die ethnomethodologische Arbeit zeigt, wie in einem Entschulungsprojekt zum Thema Tanz Lernen sozial hervorgebracht wird. So rekonstruiert Adler die interaktive Herstellung einer Anleitungssituation in einem eigentlich als informell beschriebenen Lernsetting. Sie kann analysieren, wie sich Lernfortschritt manifestiert und wie sich die Teilnehmenden über den dargestellten Lernfortschritt oder über Synchronisation und Taktgefühl gegenseitig zeigen, dass sie gerade etwas lernen.

Becker (2014) untersucht in einer empirisch angelegten Diplomarbeit auf Basis von Interviews, inwiefern sich ein Entschulungsprojekt mit dem Schwerpunkt Tanz auf verschiedene Aspekte der Persönlichkeitsentwicklung ausgewirkt hat (z. B. Bewertung körperlicher Aspekte und des eigenen Körpers, emotionales Erleben, Zusammenarbeit mit der Tanzgruppe und Einflüsse auf das Selbstwertgefühl).

Auch an weiteren Schulen werden diese Aspekte von Entschulungs-, bzw. von Herausforderungsprojekten untersucht, z. B. an der *Evangelischen Schule Berlin Zentrum* (vgl. Stockmeier und Hausner 2014) oder an der *Max-Brauer-Schule Hamburg*.

- Die Universität Koblenz-Landau hat im Rahmen von Forschungswerkstätten Herausforderungsprojekte der *Integrierten Gesamtschule Landau* durch studentische Kleinstudien begleitet und dabei u. a. Themen wie Persönlichkeitsbildung durch Herausforderungen (vgl. Lesch und Dressel 2015), Auswahlprozesse für Herausforderungen (Fanny Bernard et al. 2014) und Projektarbeit auf einem Reiterhof beleuchtet (Kraß 2016).
- An der *Helene-Lange-Schule Wiesbaden* untersucht Hoferer (2016) welche Erfahrungen Schüler_innen in Herausforderungsprojekten machen, was sie als Herausforderung erleben und welche Kompetenzen sie aus ihrer Sicht aus den Projekten mitnehmen.
- In ihrer Staatsexamensarbeit analysieren Borgers und Busse (2009, 2011) die Erfahrungen und Wirkungen eines Enschulungsprojektes auf Schüler_innen an der *Stadtteilschule Winterhude* in Hamburg. Die Auswertung der Befragungen von Schüler_innen, Eltern und teilnehmenden Lehrer_innen ergibt die Feststellung, dass die realen, herausfordernden Situationen des Projekts einen Zuwachs an Selbstkompetenz bewirken. Die Entwicklung von Verantwortung, Organisations- und Planungskompetenz sowie Motivations- und Leistungsbereitschaft würden begünstigt (vgl. auch Butt 2014).

Fazit

Reichweite, Umfang und empirische Qualität der bisherigen Abschlussarbeiten variieren. Entsprechend sind die Ergebnisse vorsichtig zu interpretieren. Gleichwohl geben sie Einblicke in verschiedene Teilbereiche von entschulter Schule und zeigen Forschungsdesiderate auf. Die vorgestellten Modelle einer Entschulung von Schule bieten den Jugendlichen unterschiedliche Bereiche, Zeitverläufe und Rahmungen, in denen sie ihre Herausforderungen finden können:

An der *ESBZ* sind die Jugendlichen über die ganze Sekundarschulzeit (auch in der Oberstufe) mit der Planung und Durchführung immer anderer individueller Herausforderungsprojekte konfrontiert und entwickeln jeweils neue eigene Ziele aus den bisherigen Erfahrungen.

An der *Laborschule* gibt es eine einmalige Phase der Herausforderung, die entweder ganz individuell oder in Beteiligung an einem vorstrukturierten Projekt umgesetzt werden kann.

Individuelle Herausforderungen werden zunehmend an Gesamtschulen und Gymnasien angeboten.

An der *Stadtteilschule Winterhude* in Hamburg entwickelt, organisiert und finanziert eine ganze Klasse ihr gemeinsames Herausforderungsprojekt, z. B. eine Alpenquerung.

In der *Jugendschule Schlänitzsee* finden die Jugendlichen in dem bestehenden Projektraum über mehrere Jahre der Sekundarstufe I inhaltliche Herausforderungen, an denen sie in kontinuierlichen Phasen arbeiten, wobei sie weiter zu Hause wohnen.

Diese Unterschiede der praktizierten Modelle wurden, auch in Bezug auf die jeweiligen sozialen Anforderungen und Ziele, bisher noch nicht forschend untersucht.

Aus den Arbeiten des Forschungsverbunds HeRiS „Herausforderung als schulische Innovation" zu Herausforderungs-Projekten als Form entschulter Schule könnten sich interessante Vergleichsstudien entwickeln, aus denen sich bildungstheoretische Einsichten ableiten ließen.

Corona-Auflagen haben das Aufsuchen anderer Lernorte, Gruppenreisen oder individuelle Entschulungsprojekte massiv eingeschränkt, sodass für manche Jahrgänge wichtige Möglichkeiten des Erfahrungslernens ausfielen. Auch auf diese Verluste könnten sich Erhebungen richten und die engagierten Lehrer_innen bei der Wiedereröffnung solcher Freiräume unterstützen.

Zusammenfassend kann zur Forschungssituation im Bereich von Entschulung insgesamt gesagt werden: Der Forschungsstand setzt sich aus wenigen fundierten Werken zu gewissen Teilaspekten zusammen, bildet aber keinen konsistenten Korpus. Viele Grauzonen in Projekten und Konzepten sowie die Zergliederung des weiten Feldes, das der Begriff Entschulung eröffnet, machen eine generelle Erfassung schwer – aber sie bieten interessante Möglichkeiten für eigene Forschungsvorhaben.

Reflexionsfragen zu Kap. 5
- Was lernen Kinder und Jugendliche alles außerhalb von Schule – und was sollten sie auch nur außerhalb von Schule erlernen können?

- Welche Angebote, sich zu erproben und selbst Verantwortung zu übernehmen, finden und nutzen Jugendliche zurzeit außerhalb von Schule?
- Inwiefern könnte sich Schule heute als Labor der zukünftigen Gesellschaft verstehen – und ist die Integration von geflüchteten Jugendlichen ein Beispiel dafür?

Literatur

Adler, J. (2017). *Formen informellem Lernens – Ein mikrosoziologischer Blick auf das Lernen in und außerhalb von Unterricht.* (Unveröffentlichte Staatsexamensarbeit, TU Dresden).

Becher, J. (1995). *Kindermädchen in bürgerlichen Familien des Zweiten Deutschen Kaiserreichs (1871–1918).* Jahrbuch für historische Bildungsforschung 2, S. 191–212.

Becker, S. (2014). *Persönlichkeitsentwicklung durch Tanz. Wissenschaftliche Begleitung eines Entschulungsprojekts der Bielefelder Laborschule.* (Unveröffentlichte Diplomarbeit, Universität Bielefeld).

Beckermann, Z., Burbules, N. C., Silbermann-Keller, & Diana (Hrsg.). (2006). *Learning in places: The informal education reader.* New York: Peter Lang.

Bernfeld, S. (1974). *Kinderheim Baumgarten. Bericht über einen ernsthaften Versuch mit neuer Erziehung (1921).* In S. Bernfeld (Hrsg.). *Antiautoritäre Erziehung und Psychoanalyse. Ausgewählte Schriften Band 1.* Hrsg. von Lutz von Werder und Reinhart Wolff (S. 94–215). Frankfurt/Main.

Boaler, J. (1998). *Open and closed mathematics. Student experiences and understandings.* Journal for Research in Mathematics Education 29, S. 41–62.

Borgers, C.; Busse, E. (2011). *Pubertät – eine Schule bietet Herausforderungen an. Sich in drei Wochen außerhalb von Schule und Elternhaus bewähren.* In: Pädagogik (63), H. 6, S. 16–19.

Borgers, C.; Busse, E. (2009). *Erfahrungen von Schülerinnen und Schülern, Eltern und einem teilnehmenden Lehrer mit den außerschulischen Herausforderungen an der Gesamtschule Winterhude.* (unveröffentlichte Staatsexamensarbeit. Universität Hamburg).

Bundesministerium für Familie, Senioren, Frauen und Jugend (2005). *Bericht über die Lebenssituation junger Menschen und die Leistungen der Kinder- und Jugendhilfe in Deutschland und Stellungnahme der Bundesregierung.* Zwölfter Kinder- und Jugendbericht. Berlin: BMSFJ.

Bundesministerium für Familie Senioren Frauen und Jugend (2013): *14. Kinder- und Jugendbericht. Bericht über die Lebenssituation junger Menschen und die Leistungen der Kinder- und Jugendhilfe in Deutschland.* Köln.

Butt, H. (2014). *Vom exotischen Highlight zum Normalfall. Erfahrungen mit dem Schulkonzept Herausforderungen.* Pädagogik 66 (7–8), S. 8–11.

Carraher, T.N., Carraher, D.W. & Schliemann, A.D. (1985). *Mathematics in the streets and in the school.* British Journal of Developmental Psychology 3, S. 21–29.

Cizek, G. (1993). *The mismeasure of home schooling effectiveness. A commentary.* Home School researcher 9 (3), S. 1–4.

Cloos, P., Köngeter, S., Müller, W., & Thole, W. (2009). *Die Pädagogik der Kinder- und Jugendarbeit* (2. aktualisierte Aufl.). Wiesbaden: VS Verlag für Sozialwissenschaften.

Coelen, H., & Siewert, J. (2008). *Der Ferieneffekt – auch in Deutschland schichtspezifisch?* In J. Ramseger & M. Wagener (Hrsg.), *Chancenungleichheit in der Grundschule. Ursachen und Wege aus der Krise* (S. 87–90). Wiesbaden.

Domres, L., & Vosen, M. (2012). *Evaluation eines Entschulungsprojekts an der Bielefelder Laborschule. Von Entwicklungen und Lernanlässen Anderes anders zu lernen.* (Unveröffentlichte Masterarbeit, Universität Bielefeld).

Eberle, T. (2002). *Empirische Annäherung an die Wirksamkeit von Outdoor-Trainings und die Bedeutung von Reflexionsphasen – Erste Ergebnisse einer Vergleichsstudie.* In H. Paffrath & H. Altenberger (Hrsg.), *Perspektiven zur Weiterentwicklung der Erlebnispädagogik. Schwerpunkte Ethik und Evaluierung.* Hochschulforum Erlebnispädagogik 2000 und 2001 (S. 163–192). Augsburg.

Elkar, R. S. (1999). *Lernen durch Wandern?: Einige kritische Anmerkungen zum Thema „Wissenstransfer durch Migration".* In K. Schulz (Ed.), *Handwerk in Europa* (pp. S. 2134–232). München: Oldenbourg.

Elschenbroich, D. (2001). *Weltwissen der Siebenjährigen. Wie Kinder die Welt entdecken können.* München.

Ernst, M. (2001). *Drei Prototypen von Erlebnispädagogik: Was unterscheidet Erlebnispädagogik von anderen pädagogischen Richtungen?* Zeitschrift für Erlebnispädagogik 21 (1), S. 16–30.

Forschungsverbund HeRiS (2019). *„Herausforderungen" als Schulprojekt – Evaluationsbericht zum Projektdurchlauf 2018.* Bergische Universität Wuppertal & RWTH Aachen. URN: urn:nbn:de:0111-pedocs-179987

Fouché, C., Elliott, K., Mundy-McPherson, S., Jordan, V., & Bingham, T. (2010). *The Impact of Youth Work for Young People. A Systematic Review for the Health Council of New Zealand and the Ministry of Youth Development.* Auckland.

Funke, S. (2017). *Das Entschulungsprojekt der Laborschule Bielefeld – eine Rekonstruktion aus Sicht der Lehrerinnen und Lehrer.* Unveröffentlichte Masterarbeit im Masterstudiengang höheres Lehramt an Gymnasien, Universität Dresden.

Fanny Bernard, F. ;Konig, K.; Ludwig, F. Thelen, J. (2014): *Auswahlprozesse.* (unveröffentlicher Forschungsbericht; IGS Landau).

Goffman, E. (1990). *The Presentation of Self in Everyday Life.* New York.

Grebe-Ellis, J. (2009). Zeit und Lernen: Erfahrungen mit Epochenunterricht. Eine Recherche. In D. Höttecke (Hrsg.), *Chemie- und Physikdidaktik für die Lehramtsausbildung* (pp. S. 232–234). Münster: Lit Verl.

Greenberg, D., & Wilke, M. (2014). *Endlich frei!: Leben und Lernen an der Sudbury-Valley-Schule* (3. Aufl.). Freiamt im Schwarzwald: Arbor.

Grube, T., & Lansch, E.-S. (2004). *Rhythm is it!: You can change your live in a dance class.* Berlin: Boomtwon Media. Erfahrungsbericht

Gudjons, H. (2001). Handlungsorientiert lehren und lernen. Schüleraktivierung, Selbsttätigkeit, Projektarbeit. Bad Heilbrunn.

Hecht, M., & Hartmann, U. (2014). *8 Wochen in Jahrgang 8. Das Entschulungsprojekt >>Schlaraffenland<<.* Pädagogik 66 (7–8), S. 12–15.

Helker, K. & Rürup, M. (in Vorber.). 'What a bad idea to camp next to a train station' – Student learning, benefits and evaluations of outdoor adventure education projects. *Journal of Adventure Education and Outdoor Learning.*

Helper, W. (1996). *Antinomien des Lehrerhandelns in modernisierten pädagogischen Kulturen: Paradoxe Verwendungsweisen von Autonomie und Selbstverantwortlichkeit.* In A. Combe & W. Helsper (Hrsg.), *Pädagogische Professionalität* (S. 521–569). Frankfurt/Main: Suhrkamp.

Hobsbawm, E. J. (1965). *Labouring men: Studies in the history of labour.* London: Weidenfeld and Nicolson.

Hoferer, Desirée (2016). *Lernen in Herausforderungsprojekten.* (Unveröffentlichte Masterarbeit, Universität Frankfurt)

Jürgens, E., & Greiling, A. (2012). Projekt „Jugendschule Schlänitzsee" der Montessori-Gesamtschule Potsdam. Bericht zur wissenschaftlichen Begleitung (4. Aufl.) Bielefeld.

Kegler, U. (2014). *Wo sie wirklich lernen wollen. 7 Jahre Jugendschule Schlänitzsee.* Weinheim.

Kraß, M. (2016). *Projektarbeit am außerschulischen Lernort Reiterhof: Chancen und Grenzen anhand eines Praxisbeispiels.* (unveröffentlicher Forschungsbericht; IGS Landau).

Lave, J., & Wenger, E. (1991). *Situated Learning. Legitimate peripheral participation.* Cambridge.

Lazarsfeld, P. F., & Wagner, L. (1924). *Gemeinschaftserziehung durch Erziehergemeinschaften. Bericht über einen Beitrag der Jugendbewegung zur Sozialpädagogik.* Wien.

Lesch, L.; Dressel, J. (2015). *Persönlichkeitsentwicklung von Jugendlichen im Rahmen eines pädagogischen Schulprojekts Untersuchung des Profilbausteins „Herausforderung" an der Integrierten Gesamtschule Landau.* (unveröffentlicher Forschungsbericht, IGS Landau).

Lindner, W. (2008). *Kinder- und Jugendarbeit wirkt. Konturen einer evidenz-basierten Praxis.* Unsere Jugend 60 (4), S. 146–152.

Makarenko, A. S. (1961). *Der Weg ins Leben. Ein pädagogisches Poem.* Berlin.

Makowski, T. (2012). *„Das ist eine große Herausforderung, da muss ich aufpassen!": Erfahrungslernen als alternativer Zugang zum Lernen während Pubertät und Adoleszenz in theoretischer Diskussion und pädagogischer Praxis am Beispiel der „Jugendschule Schlänitzsee" der Montessori-Oberschule Potsdam.* (unveröffentlichte Masterarbeit, Universität Bielefeld).

McCoy, M., & Taylor, D. L. (2000). *Does Block Scheduling Live Up to its Promise? Paper presented at the Annual Meeting of the American Educational Research Association, New Orleans, LA, April 24–28, 2000.*

Montessori, M., Ludwig, H., & Klein-Landeck, M. (2015). *Von der Kindheit zur Jugend: Zum Konzept einer „Erfahrungsschule des sozialen Lebens".* Freiburg im Breisgau: Verlag Herder.

Montgomery, L. (1989). *The effect of home schooling on the leadership skills of home schooled students.* Home School researcher 5 (1), S. 1–10.

Murphy, J. (2012). *Homeschooling in America. Capturing and assessing the movement.* Thousand Oaks, Calif.: Corwin Press.

Otto, H.-U., & Rauschenbach, T. (Hrsg.). (2004). *Die andere Seite der Bildung. Zum Verhältnis von formellen und informellen Bildungsprozessen.* Wiesbaden: VS Verl. für Sozialwissenschaften.

Petersilie, M. (2016). *Lerncoaching als Balanceakt – eine empirische Studie über die Antinomien pädagogischen Handelns*. (Unveröffentlichte Masterarbeit im Masterstudiengang höheres Lehramt an Gymnasien, TU Dresden).

Rasfeld, M. (2004). *Nur wenn wir ihnen etwas zutrauen: „Projekt Verantwortung" – ein Konzept für die ganze Schule in Essen Holsterhausen*. In A. Sliwka & P. Christian (Eds.), *Durch Verantwortung lernen* (S. 102–109). Weinheim [u.a.]: Beltz.

Rauschenbach, T. (2011). *Alltagsbildung – die andere Seite der Bildung*. In M. Krüger & N. Neuber (Eds.), *Bildung im Sport. Beiträge zu einer zeitgemäßen Bildungsdebatte*. (S. 35–52). Wiesbaden: VS Verlag

Rengstorf, F., & Schumacher, C. (2010). *Projektarbeit und Projektunterricht in der schulischen Wirklichkeit – Ein Niemandsland in der empirischen Unterrichtsforschung?* TriOS(2), 23–56.

Rudner, L. M. (1999). *Achievement and demographics of home school students*. Education Policy Analysis Archives 7.

Schulz, M., & Cloos, P. (2010). *Kinder- und Jugendarbeit und Bildung*. In T. Rauschenbach & S. Borrmann (Eds.), *Jugend und Jugendarbeit*. Online Enzyklopädie Erziehungswissenschaft (EEO). Weinheim.

Schumacher, C., Rengstorf, F., & Thomas, C. (Hrsg.). (2013). *Projekt: Unterricht. Projektunterricht und Professionalisierung in Lehrerbildung und Schulpraxis*. Göttingen.

Seifert, A. (2011). *Resilienzförderung an der Schule. Eine Studie zu Service-Learning mit Schülern aus Risikolagen*. Wiesbaden: VS.

Seifert, A., & Zentner, S. (2010). *Service Learning – Lernen durch Engagement: Methode, Qualität, Beispiele und ausgewählte Schwerpunkte*. Weinheim: Freudenberg Stiftung.

Seifert, A., Zentner, S., & Nagy, F. (2012). *Praxisbuch Service-Learnig. Lernen durch Engagement an Schulen*. Weinheim. Basel: Beltz.

Schindler, S. (2016). *Fallstudien über den Beitrag des Entschulungsprojekts der Laborschule Bielefeld zur individuellen Bewältigung von Entwicklungsaufgaben im Jugendalter*. (Unveröffentlichte Masterarbeit im Masterstudiengang höheres Lehramt an Gymnasien, TU Dresden).

Stockmeier, B; Hausner, C. (2014). *Herausforderungen, in der Oberstufe: Alle ins Ausland*. In: Pädagogik 66 (7–8), S. 30–33.

Thomas, A. (2002). *Informal learning, home education and homeschooling*. The encyclopaedia of informal education. [http://infed.org/mobi/informal-learning-home-education-and-homeschoolinghome-schooling. Zugegriffen: 6.August 2016.

Vosahliková, P. (1996). *Auf der Walz. Das Wandern böhmischer Handwerker an der Wende vom 19. zum 20. Jahrhundert*. Bios 9(2), S. 189–196.

Wilson, S. J., & Lipsey, M. W. (2000). *Wilderness challenge programs for delinquent youth: A metaanalysis of outcome evaluations*. Evaluation and Program Planning 23 (1), S. 1–12.

Wohlfahrt, M. (2014): *Lehrerbildung in Kamerun – formale Systeme und informelle Befähigung*. Marburg: Tectum.

MIX
Papier aus verantwortungsvollen Quellen
Paper from responsible sources
FSC® C105338
www.fsc.org

If you have any concerns about our products,
you can contact us on
ProductSafety@springernature.com

In case Publisher is established outside the EU,
the EU authorized representative is:
**Springer Nature Customer Service Center GmbH
Europaplatz 3, 69115 Heidelberg, Germany**

Printed by Libri Plureos GmbH
in Hamburg, Germany